JN041362

2024年度版

金融業務 **3** 級

融資コース

試験問題集

一般社団法人 金融財政事情研究会

# ◇はじめに◇

　本書は、一般社団法人　金融財政事情研究会が主催する金融業務能力検定「金融業務3級　融資コース」（CBT方式、通年実施）の受験者の学習の利便を図るためにまとめた試験問題集です。

　金融機関の融資担当者は、融資全般に係る体系的知識を身に付け、業務の全容を把握しつつ実務に当たれるようになることが求められます。

　また、2026年度末を目標とする紙の手形・小切手廃止や、経営者保証に依存しない融資慣行の確立に向けた取組みなど、近時、融資業務を取り巻く環境には新たな動きがみられます。本書では、こうした最新のテーマについてもバランスよく出題し、一度融資について勉強された方も、知識のブラッシュアップを図る目的で本書を使用することができるよう、厳選した問題を取り扱っています。

　なお、より体系的な知識を習得し、合格を確実なものとするためには、通信教育講座「Q&A融資実務基礎コース」も併せて活用されることをお勧めします。

　法務・財務の実践的なテーマについて、基本問題・発展問題をバランスよく収めた本書を有効に活用し、ぜひとも金融業務能力検定「金融業務3級　融資コース」に合格され、融資担当者として活躍されることを願っております。

2024年3月

一般社団法人　金融財政事情研究会
検定センター

# ◇◇目　次◇◇

## 第1章　融資取引

1－1　融資の基本原則 ……………………………………… 2

1－2　金融機関が遵守すべき法規制等 ………………………… 3

1－3　個人情報保護（1） ……………………………………… 4

1－4　個人情報保護（2） ……………………………………… 6

1－5　マイナンバー ……………………………………… 8

1－6　会社の種類 ………………………………………10

1－7　法人と利益相反取引 …………………………………11

1－8　代理制度 ………………………………………12

1－9　制限行為能力者 …………………………………13

1－10　未成年者との取引 ………………………………14

1－11　制限行為能力者・法定代理人間の利益相反行為 ………15

1－12　定型約款 ………………………………………17

1－13　銀行取引約定書（1） …………………………………19

1－14　銀行取引約定書（2） …………………………………20

1－15　金銭消費貸借契約（1） ………………………………22

1－16　金銭消費貸借契約（2） ………………………………23

1－17　金利等の規制 ……………………………………24

1－18　手形の記載事項（1） …………………………………25

1－19　手形の記載事項（2） …………………………………26

1－20　約束手形用法 …………………………………27

1－21　手形割引 ………………………………………29

1－22　でんさい ………………………………………31

1－23　手形貸付（1） …………………………………33

1－24　手形貸付（2） …………………………………34

1－25　証書貸付 ……………………………………………………35

1－26　当座貸越（1） …………………………………………36

1－27　当座貸越（2） …………………………………………37

1－28　コミットメント・ライン契約 …………………………38

1－29　当座貸越契約とコミットメント・ライン契約 …………39

1－30　シンジケートローン ……………………………………40

1－31　代理貸付 …………………………………………………41

1－32　支払承諾 …………………………………………………43

1－33　ABL ………………………………………………………44

1－34　個人ローン・消費者ローン ……………………………46

1－35　住宅ローン ………………………………………………47

## 第2章　担保・保証

2－1　担保物権等 ………………………………………………50

2－2　不動産登記 ………………………………………………51

2－3　新規取引先に対する抵当権設定と登記事項証明書 ………52

2－4　法定地上権 ………………………………………………53

2－5　借地上の建物の担保取得 …………………………………54

2－6　抵当権と賃借権（1） …………………………………55

2－7　抵当権と賃借権（2） …………………………………56

2－8　抵当権の効力 ……………………………………………57

2－9　抵当不動産の譲渡 ………………………………………58

2－10　根抵当権 …………………………………………………59

2－11　根抵当権の元本の確定 …………………………………60

2－12　確定後の根抵当権の取扱い ……………………………61

2－13　株式担保 ……………………………………………………62

2－14　債権担保（1） ………………………………………………63

2－15　債権担保（2） ………………………………………………65

2－16　預金担保 ……………………………………………………66

2－17　代理受領 ……………………………………………………67

2－18　保証契約 ……………………………………………………68

2－19　物上保証 ……………………………………………………69

2－20　単純保証 ……………………………………………………70

2－21　連帯保証 ……………………………………………………71

2－22　保証人と連帯保証人 ………………………………………72

2－23　個人貸金等根保証契約 ……………………………………74

2－24　保証債務の附従性 …………………………………………75

2－25　経営者保証ガイドライン …………………………………76

2－26　信用保証制度（1） …………………………………………78

2－27　信用保証制度（2） …………………………………………80

## 第3章　融資金の管理・回収

3－1　債務引受 ……………………………………………………84

3－2　債権管理 ……………………………………………………86

3－3　株式会社の変動 ……………………………………………87

3－4　吸収合併 ……………………………………………………89

3－5　相続 …………………………………………………………90

3－6　債務の承継 …………………………………………………91

3－7　担保の設定と管理（1） ……………………………………92

3－8　担保の設定と管理（2） ……………………………………94

3 - 9　保証の管理と変動（1）……………………………95

3 - 10　保証の管理と変動（2）……………………………97

3 - 11　消滅時効（1）………………………………………99

3 - 12　消滅時効（2）………………………………………101

3 - 13　弁済、相殺（1）……………………………………103

3 - 14　弁済、相殺（2）……………………………………105

3 - 15　各種債権回収………………………………………107

3 - 16　代理受領による回収………………………………109

3 - 17　強制執行……………………………………………111

3 - 18　仮差押え……………………………………………112

3 - 19　債務整理手続…………………………………………113

3 - 20　法的整理手続（1）…………………………………115

3 - 21　法的整理手続（2）…………………………………117

3 - 22　私的整理手続…………………………………………119

## 第4章　融資審査と財務分析

4 - 1　信用調査の基本（1）………………………………122

4 - 2　信用調査の基本（2）………………………………123

4 - 3　融資審査の仕組み（1）……………………………124

4 - 4　融資審査の仕組み（2）……………………………125

4 - 5　会計基準と財務諸表（1）…………………………127

4 - 6　会計基準と財務諸表（2）…………………………128

4 - 7　会計基準………………………………………………130

4 - 8　税効果会計……………………………………………132

4 - 9　貸借対照表（B/S）…………………………………134

4－10 貸借対照表に計上される流動資産 ································136

4－11 貸借対照表における勘定科目 ·······························137

4－12 貸借対照表に計上される有形固定資産 ················138

4－13 損益計算書（P/L）（1） ·································139

4－14 損益計算書（P/L）（2） ·································140

4－15 定率法による減価償却 ·····································141

4－16 当期総製造費用等の算出 ·································142

4－17 資金繰り表 ·······················································143

4－18 資金移動表 ·······················································145

4－19 キャッシュフローの増加要因 ························146

4－20 収益性分析（1） ···············································147

4－21 収益性分析（2） ···············································149

4－22 安全性分析（1） ···············································151

4－23 安全性分析（2） ···············································152

4－24 損益分岐点（比率）（1） ·································153

4－25 損益分岐点（比率）（2） ·································154

4－26 生産性分析（1） ···············································156

4－27 生産性分析（2） ···············································157

4－28 資金使途分析・返済原資の検討 ····················159

4－29 償還年数の算出 ···············································160

4－30 運転資金（1） ···················································161

4－31 運転資金（2） ···················································163

4－32 会計上の操作（1） ···········································165

4－33 会計上の操作（2） ···········································166

---

**〈法令基準日〉**

　本書は、問題文に特に指示のない限り、2024年4月1日（基準日）現在施行の法令等に基づいて編集しています。

---

**◇CBTとは◇**

　CBT（Computer-Based Testing）とは、コンピュータを使用して実施する試験の総称で、パソコンに表示された試験問題にマウスやキーボードを使って解答します。金融業務能力検定は、一般社団法人金融財政事情研究会が、株式会社シー・ビー・ティ・ソリューションズの試験システムを利用して実施する試験です。CBTは、受験日時・テストセンター（受験会場）を受験者自らが指定できるとともに、試験終了後、その場で試験結果（合否）を知ることができるなどの特長があります。

---

本書に訂正等がある場合には、下記ウェブサイトに掲載いたします。
https://www.kinzai.jp/seigo/

―〈凡 例〉―

・後見登記法…後見登記等に関する法律

・個人情報保護法…個人情報の保護に関する法律

・財務諸表等規則…財務諸表等の用語、様式及び作成方法に関する規則

・出資法…出資の受入れ、預り金及び金利等の取締りに関する法律

・でんさいネット業務規程…株式会社全銀電子債権ネットワーク業務規程

・でんさいネット業務規程細則…株式会社全銀電子債権ネットワーク業務規程細則

・動産・債権譲渡特例法…動産及び債権の譲渡の対抗要件に関する民法の特例等に関する法律

・特定融資枠契約法…特定融資枠契約に関する法律

・番号法…行政手続における特定の個人を識別するための番号の利用等に関する法律

・振替法…社債、株式等の振替に関する法律

・マイナンバーガイドライン…特定個人情報の適正な取扱いに関するガイドライン（事業者編）

・約定書例…信用保証協会信用保証約定書例

・連結財務諸表規則…連結財務諸表の用語、様式及び作成方法に関する規則

・判例の表示

（<u>最判</u>昭<u>45.4.10</u><u>民集24巻4号240頁</u>）
　　A　　B　　　　　C

　A…裁判所と裁判の種類を示す。

　　最…最高裁判所

　　高…高等裁判所

　　大…大審院

　　判…判決

　B…裁判(言渡)年月日を示す。

　C…登載誌およびその登載箇所を示す。

　　民集…最高裁判所(大審院)民事判例集

　　金法…金融法務事情

# 「金融業務3級 融資コース」試験概要

融資実務全般にわたる基礎知識の習得度・融資実務上の判断力を検証します。

| | |
|---|---|
| ■受験日・受験予約 | 通年実施。受験者ご自身が予約した日時・テストセンター（https://cbt-s.com/examinee/testcenter/）で受験していただきます。受験予約は受験希望日の3日前まで可能ですが、テストセンターにより予約可能な状況は異なります。 |
| ■試験の対象者 | 若手行職員 ※受験資格は特にありません |
| ■試験の範囲 | 1．融資取引 2．担保・保証 3．融資金の管理・回収 4．融資審査と財務分析 |
| ■試験時間 | 100分 試験開始前に操作方法等の案内があります。 |
| ■出題形式 | 四答択一式50問 |
| ■合格基準 | 100点満点で60点以上 |
| ■受験手数料（税込） | 5,500円 |
| ■法令基準日 | 問題文に特に指示のない限り、2024年4月1日現在施行の法令等に基づくものとします。 |
| ■合格発表 | 試験終了後、その場で合否に係るスコアレポートが手交されます。合格者は、試験日の翌日以降、合格証をマイページからPDF形式で出力できます。 |
| ■持込み品 | 携帯電話、筆記用具、計算機、参考書および六法等を含め、自席（パソコンブース）への私物の持込みは認められていません。テストセンターに設置されている鍵付きのロッカー等に保管していただきます。メモ用紙・筆記用具はテストセンターで貸し出されます。計算問題については、試験画面上に表示される電卓を利用することができます。 |
| ■受験教材等 | ・本書 ・通信教育講座「Q&A融資実務基礎コース」 |
| ■受験申込の変更・キャンセル | 受験申込の変更・キャンセルは、受験日の3日前までマイページより行うことができます。受験日の2日前からは、受験申込の変更・キャンセルはいっさいできません。 |

■受験可能期間　　　　　受験可能期間は、受験申込日の3日後から当初受験申
　　　　　　　　　　　込日の1年後までとなります。受験可能期間中に受験
　　　　　　　　　　　（またはキャンセル）しないと、欠席となります。

※金融業務能力検定・サステナビリティ検定の最新情報は、一般社団法人金融財政事情研究
　会のWebサイト（https://www.kinzai.or.jp/kentei/news-kentei）でご確認ください。

# 第1章

# 融資取引

## 1－1　融資の基本原則

> 《問》銀行などの金融機関における融資の基本原則に関する次の記述のうち、最も不適切なものはどれか。
> 1）公共性の原則とは、融資は公共の利益に適する目的に従って行われなければならないとするものであり、安全性の原則とは、融資金は確実に回収されるものでなければならないとするものである。
> 2）収益性の原則とは、営利企業である金融機関の存続、発展のため、適度な収益を上げることが不可欠であるとするものである。
> 3）流動性の原則とは、融資の資金は流動性を保ち、融資の期間は資金調達に見合った期間に設定するとするものである。
> 4）成長性の原則とは、金融機関がする融資は、金融機関自身の成長と発展を最優先とする融資でなくてはならないとするものである。

### ・解説と解答・

1）適切である。融資の基本原則のうち、公共性の原則とは、一般の人から預かった預金は、経済状況をよく判断して国民経済の発展に役立つ最も有効な資金使途に融資を行わなければらならず、不要不急の融資や投機、過度の贅沢をあおるような融資は行うべきでないとするものである。また、安全性の原則とは、融資先の返済能力、意思の確認を行うとともに、資金使途、返済財源を十分把握し、担保、保証などの保全策をとり、特定業種に偏ることなく、危険分散を図り融資金が確実に回収されるよう安全性を高めなければらならないとするものである。

2）適切である。営利企業である金融機関の存続、発展のためには、適度な収益を上げることが不可欠である。収益源である貸出利率の変動は、金融機関の収益に与える影響が大変大きい。融資先の信用度、資金使途、担保、保証の内容により適用金利に反映させることが収益性の面からも不可欠である。

3）適切である。融資金は適度の流動性を保ち、融資期間と調達資金の期間を対応させることが大切である。

4）不適切である。融資が融資先の成長・発展に役立ち、それが結果として金融機関自身の成長・発展に役立つものでなくてはならない。

正解　4）

## 1－2　金融機関が遵守すべき法規制等

《問》融資に際して、銀行などの金融機関が遵守すべき法規制等に関する
次の記述のうち、最も不適切なものはどれか。
1 ）顧客に対し不確実な事項について断定的判断を提供し、または確実
であると誤認させるおそれがあることを告げる行為は、法令により
禁止されている。
2 ）コンプライアンスとは、法令諸規則・ガイドラインだけでなく、金
融機関の内部規定や社会規範なども含む幅広いルールを遵守するこ
とをいう。
3 ）金融機関のコンプライアンスの対象となる主な法令は、民法や商
法、会社法、銀行法などであるが、脱税など刑法犯に関するものは
除かれている。
4 ）顧客に対し虚偽のことを告げる行為は、法令により禁止されてい
る。

### ・解説と解答・

1 ）適切である（銀行法13条の3第2号）。このほか、銀行法13条の3におい
ては、銀行の業務に係る禁止行為として、①顧客に対し、虚偽のことを告
げる行為、②顧客に対し、当該銀行または当該銀行の特定関係者その他当
該銀行と内閣府令で定める密接な関係を有する者の営む業務に係る取引を
行うことを条件として、信用を供与し、または信用の供与を約する行為、
③このほか、顧客の保護に欠けるおそれがあるものとして内閣府令で定め
る行為が規定されている。

2 ）適切である。コンプライアンスは、「法令遵守」を意味する言葉である
が、法令のみにとどまらず、金融機関の内部規定や社会規範なども含む幅
広いルールの遵守を意味している。

3 ）不適切である。融資の資金使途が、脱税、賭博資金など公序良俗に反する
場合は、すべてコンプライアンス違反である。

4 ）適切である（銀行法13条の3第1号）。

正解　3 ）

## 1－3　個人情報保護（1）

《問》個人情報取扱事業者である金融機関が取り扱う個人情報等に関する次の記述のうち、個人情報保護法に照らし、最も適切なものはどれか。

1）個人情報保護法に定義される個人情報とは、要配慮個人情報を含む情報を指し、氏名・生年月日等の単に個人が識別されるのみの情報は含まない。

2）金融機関が、保有する個人データの管理を外部組織に有償で委託した場合、当該委託先が当該個人データを漏えいさせたとしても、当該委託先に対する監督責任はいっさい生じない。

3）金融機関は、法令に基づく場合などの例外を除き、あらかじめ本人の同意を得ずに、個人データを第三者に提供してはならない。

4）匿名加工情報とは、特定の個人を識別することができないように個人情報を加工して得られる個人に関する情報であって、当該個人情報を復元できるようにしたものをいう。

### ・解説と解答・

1）不適切である。個人情報保護法にいう個人情報とは、「生存する個人に関する情報であって」、「当該情報に含まれる氏名、生年月日その他の記述等…〈中略〉…により特定の個人を識別することができるもの」等を指し（個人情報保護法2条1項1号）、要配慮個人情報（本人の人種、信条、社会的身分、病歴、犯罪の経歴、犯罪により害を被った事実その他本人に対する不当な差別、偏見その他の不利益が生じないようにその取扱いに特に配慮を要するものとして政令で定める記述等が含まれる個人情報、同条3項）を含まなくても、個人情報として保護の対象とされる。

2）不適切である。金融機関などの個人情報取扱事業者は、個人データの取扱いの全部または一部を外部に委託する場合、当該個人データの安全管理が図られるよう、当該委託先に対する必要かつ適切な監督を行うことが義務づけられている（個人情報保護法25条）。したがって、委託先において取扱いを委託した個人データの漏えいなどが発生した場合には、監督責任が生じることとなる。また、委託元である金融機関が、委託先に対し必要かつ適切な監督を尽くしていなかったことに起因して損害が生じた場合に

は、損害賠償責任を負う場合もある。

3）適切である。個人情報保護法は、原則として、あらかじめ本人の同意がない限り、個人データを第三者に提供してはならないと規定している（個人情報保護法27条1項）。なお、法令（民事訴訟法、国税徴収法など）に基づく場合や、人の生命、身体または財産の保護のために必要がある場合であって、本人の同意を得ることが困難であるときなどは、事業者が本人の同意を得ず、個人データを第三者提供することが認められている（同項1号・2号など）。

4）不適切である。匿名加工情報とは、特定の措置を講じて特定の個人を識別することができないように個人情報を加工して得られる個人に関する情報であって、当該個人情報を復元することができないようにしたものをいう（個人情報保護法2条6項）。

**正解　3）**

## 1－4　個人情報保護（2）

《問》個人情報保護法と「金融分野における個人情報保護に関するガイドライン」（以下、「金融分野ガイドライン」という）等に関する次の記述のうち、最も不適切なものはどれか。

1）金融分野ガイドラインにおいて「～なければならない」と記載されている規定に従わない場合、個人情報保護法違反と判断される可能性がある。

2）金融機関における個人情報の取扱いの解釈指針となる「金融機関における個人情報保護に関するQ＆A」は、個人情報保護委員会および金融庁により公表された資料である。

3）金融分野ガイドラインでは、金融機関の従業者に対する必要かつ適切な監督にあたり必要となる体制整備について具体的な規定を設けている。

4）個人情報保護法の施行後の状況等諸環境の変化が生じたとしても、金融分野ガイドライン自体は見直しの対象とはならない。

### ・解説と解答・

1）適切である。金融分野ガイドライン1条2項において、「本ガイドライン中「～なければならない」と記載されている規定について、それに従わない場合は、法の規定違反と判断され得る」と定められている。

2）適切である。2022年4月の個人情報保護法等の改正に伴い、同月「金融機関における個人情報保護に関するQ＆A」も改正された。なお、金融分野ガイドラインは、個人情報保護法ならびに関係法令をふまえ、「個人情報の保護に関する法律についてのガイドライン（通則編）」を基礎として、金融分野における個人情報について保護のための格別の措置が講じられるよう必要な措置を講じ、および当該分野における事業者が個人情報の適正な取扱いの確保に関して行う活動を支援する具体的な指針として定められたものである。

3）適切である。金融分野ガイドライン9条3項において、必要な体制整備として、「①従業者が、在職中及びその職を退いた後において、その業務に関して知り得た個人データを第三者に知らせ、又は利用目的外に使用しないことを内容とする契約等を採用時等に締結すること。②個人データの適

正な取扱いのための取扱規程の策定を通じた従業者の役割・責任の明確化及び従業者への安全管理義務の周知徹底、教育及び訓練を行うこと。③従業者による個人データの持出し等を防ぐため、社内での安全管理措置に定めた事項の遵守状況等の確認及び従業者における個人データの保護に対する点検及び監査制度を整備すること」と具体的に定められている。

4）不適切である。金融分野ガイドライン21条において、「個人情報の保護についての考え方は、社会情勢の変化、国民の認識の変化、技術の進歩、国際動向等に応じて変わり得るものであり、本ガイドラインは、法の施行後の状況等諸環境の変化を踏まえて、必要に応じ見直しを行うものとする」と定められている。

正解　4）

## 1－5　マイナンバー

《問》番号法に定めるマイナンバー（個人番号）および特定個人情報に関する次の記述のうち、最も不適切なものはどれか。
1）生存する個人のマイナンバーは、第2号個人識別符号として個人情報に該当する。
2）マイナンバーを含む特定個人情報の利用目的は、税・社会保障・災害対策の範囲に限定されており、本人の同意があったとしても、特定された利用目的の達成に必要な範囲を超えて特定個人情報を取り扱うことはできない。
3）不要となった特定個人情報は、個人番号を利用した事務を処理する者（個人番号利用事務実施者）の判断で消去するものとされている。
4）個人番号利用事務実施者とその事務の委託を受けた者は、特定個人情報の漏えい、滅失または毀損の防止その他の個人番号の適切な管理のために必要な措置を講じなければならない。

### ・解説と解答・

1）適切である。マイナンバー（個人番号）は、第2号個人識別符号として個人情報に該当する（個人情報保護法2条2項2号）。なお、第1号個人識別符号とは、DNAを構成する塩基の配列、容貌、虹彩模様、声紋、歩容、手のひら・手の甲の静脈の形状、指紋・掌紋といった身体の特徴のいずれかを電子計算機の用に供するために変換した符号であって特定の個人を識別するに足りるものをいい（同法施行令1条1号）、第2号個人識別符号とは、パスポート番号（旅券番号）、国民年金の基礎年金番号、運転免許証番号、住民票コード、個人番号（マイナンバー）、国民健康保険等の被保険者証の記号・番号等の符号など、公的制度の番号をいう（同法施行令1条、同法施行規則3条・4条）。
2）適切である。個人番号をその内容に含む個人情報を特定個人情報といい、その利用目的は、税・社会保障・災害対策の範囲に限定されている。一方、特定個人情報を除く個人情報については、事業者が利用目的を自由に決めることができる。
3）不適切である。特定個人情報は、個人番号を利用した事務を処理する必要

がなくなった場合で、所管法令に定められている保存期間を経過した場合には、個人番号をできるだけ速やかに廃棄または削除しければならないとされている（番号法20条、マイナンバーガイドライン4−3−(3)）。

4）適切である（番号法12条）。

<u>正解　3）</u>

## 1－6　会社の種類

《問》会社法に規定されている各種の会社に関する次の記述のうち、最も
　　適切なものはどれか。
　1）大会社は、会計監査人とあわせて、常に、取締役会を設置しなけれ
　　ばならない。
　2）合資会社の有限責任社員は、その性質上、業務執行権を有すること
　　はない。
　3）合名会社においては、出資者たるすべての社員が、会社債務につい
　　て無限かつ連帯の責任を負う。
　4）公開会社とは、その発行する株式の全部または一部を証券市場に上
　　場している株式会社をいう。

### ・解説と解答・

1）不適切である。大会社は、常に会計監査人の設置義務があるが（会社法
　328条）、公開会社等でなければ、取締役会の設置義務はない（同法327
　条）。なお、会社法に規定される大会社とは、①最終事業年度に係る貸借
　対照表に資本金として計上した額が5億円以上である、または②当該貸借
　対照表の負債の部に計上した額の合計額が200億円以上である株式会社を
　いう（会社法2条6号）。

2）不適切である。定款の定めがある場合を除き、合資会社の社員全員が、業
　務執行権を有する（会社法590条1項）。合資会社は、持分会社の類型の1
　つであり、無限責任社員と有限責任社員から構成される形態をいう（同法
　576条3項）。無限責任社員は会社の債務について会社の財産で弁済しきれ
　ない場合等には自己の財産をもって弁済する義務を負うのに対し（同法
　580条1項）、有限責任社員は自己の出資額の範囲内で弁済する義務を負う
　（同条2項）。

3）適切である。合名会社は、持分会社の類型の1つであり、すべての社員
　（出資者）が無限責任社員である形態をいう（会社法576条2項）。会社財
　産をもって会社債務を完済することができない場合には、各社員（出資
　者）は連帯して会社債務を弁済する責任を負う（同法580条1項）。

4）不適切である。会社法上の公開会社とは、その発行する株式の全部または
　一部に、定款による株式の譲渡制限のない会社をいう（会社法2条5号）。

正解　3）

## 1－7　法人と利益相反取引

《問》法人がその役員（取締役、理事等）の債務の保証や担保提供などの
利益相反取引を行おうとする場合に必要となる手続に関する次の
記述のうち、最も不適切なものはどれか。

1）取締役会を設置している株式会社が当該取引を行おうとする場合、
取締役会の承認を必要とする。

2）取締役会を設置していない株式会社が当該取引を行おうとする場
合、当該取締役を除く他の取締役の過半数の承認を必要とする。

3）持分会社が当該取引を行おうとする場合、当該社員を除く他の社員
の過半数の承認を必要とする。

4）理事会を設置していない一般社団法人が当該取引を行おうとする場
合、社員総会の承認を必要とする。

### ・解説と解答・

1）適切である。取締役会設置会社が取締役のため債務保証や担保提供などの
利益相反取引を行う場合には、取締役会の承認を必要とする（会社法365
条1項、356条1項3号）。なお、承認が得られない場合も、当該取引を
行った金融機関が善意であれば、会社は取引の無効を主張できない（相対
的無効となる）とされている（最判昭43.12.25民集22巻13号3511頁）。

2）不適切である。取締役会非設置会社が取締役のため債務保証や担保提供な
どの利益相反取引を行う場合には、株主総会の承認が必要とされる（会社
法356条1項3号）。

3）適切である。持分会社（合名会社、合資会社、または合同会社）が業務を
執行する社員のため債務保証や担保提供などの利益相反取引を行う場合に
は、他の社員の過半数の承認が必要である（会社法595条1項2号）。

4）適切である。一般社団法人が理事のため債務保証や担保提供などの利益相
反取引を行う場合には、理事会を設置していれば、理事会の承認が必要で
あり、理事会を設置していなければ、社員総会の承認が必要である（一般
社団法人及び一般財団法人に関する法律84条1項3号、92条）。なお、一
般財団法人には理事会の設置が義務づけられており（同法170条1項）、利
益相反取引を行う場合は理事会の承認が必要とされる（同法197条、84条
1項3号、92条）。

<u>正解　2）</u>

## 1－8　代理制度

《問》民法に規定されている代理制度に関する次の記述のうち、最も適切なものはどれか。
1）代理人の代理権は、本人の死亡により消滅する。
2）代理人であることを表示しないで行った代理行為の効果は、相手方が本人のために行うことを知っていた場合であっても、代理人に帰属する。
3）代理人が代理権の範囲を越えて行った代理行為の効果は、表見代理が成立する場合であっても、代理人に帰属する。
4）民法においては、本人が代理人に対して代理権を授与する場合、所定の書面によることが義務づけられている。

### 解説と解答

1）適切である。本人の死亡は、代理権の消滅事由である（民法111条1項1号）。このほか、代理人の死亡、または代理人が破産手続開始の決定もしくは後見開始の審判を受けたことによっても代理権は消滅することとなる（同項2号）。

2）不適切である。代理人であることを表示しないで代理行為を行った場合、原則として、当該代理行為は代理人が自己のためにしたものとみなされるが（民法100条本文）、相手方が本人のために行うことを知っていた場合、または知ることができた場合は、当該代理行為の効果は本人に帰属する（同条ただし書）。

3）不適切である。代理人が代理権の範囲を越えて行った代理行為を無権代理という。無権代理は、原則として、本人が追認をしなければ無効であり、本人に効果が帰属しないが（民法113条1項）、第三者が代理人の権限があると信じる正当な理由がある（表見代理が成立する）場合であれば、本人が追認をしなくても、本人に効果が帰属する（同法110条）。

4）不適切である。実務上は、代理権の有無を明確にするため、委任状により代理権を授与することが一般的であるが、民法においては、代理権の授与方法に関する規定はない。

正解　1）

## 1－9　制限行為能力者

《問》制限行為能力者に関する次の記述のうち、最も不適切なものはどれか。

1）成年被後見人は、事前に成年後見人の同意を得て金銭の借入れを行い、金銭を受領した場合でも、事後に借入れの申込みを取り消すことができる。
2）保佐開始の審判により選任された保佐人は、裁判所による代理権付与の審判がなされなくとも、被保佐人の代理人として法律行為を行うことができる。
3）取引相手である個人が制限行為能力者であるかどうかの確認は、登記事項証明書によって行うことができる。
4）被補助人は、補助人の同意がなくとも、保証人となることができる場合がある。

### ・解説と解答・

1）適切である。成年被後見人は、精神上の傷害により事理を弁識する能力を欠く常況にある者であることから（民法7条）、事前に法定代理人である成年後見人の同意を得て契約を締結した場合であっても、その同意どおりに行為する保証がないため、日用品の購入その他日常生活に関する行為を除き、契約を取り消すことができる（同法9条）。

2）不適切である。保佐開始の審判により選任された保佐人の有する権限は、被保佐人の法律行為に関する同意権および取消権である（民法13条）。代理権を行使するためには、別途、家庭裁判所で代理権付与の審判が必要となる（同法876条の4第1項）。

3）適切である。成年後見登記制度により、成年被後見人、被保佐人、被補助人もしくは任意後見契約の本人である旨、または制限行為能力者でない旨を証明した登記事項証明書の交付を受けることができるため（後見登記法10条1項）、その提出を受けて確認することとなる。

4）適切である。補助開始の審判において、被補助人は、民法13条1項に規定される行為のうち、特定の法律行為をする場合に、補助人の同意を得なければならない旨の審判がなされるが（同法17条1項）、保証（同法13条1項2号）を制限する審判がなされていない場合、被補助人は、補助人の同意を得ることなく保証人となることができる。　　　　正解　2）

## 1-10 未成年者との取引

《問》金融機関が未成年者等と融資契約を締結する場合における次の記述のうち、最も適切なものはどれか。
1) 未成年者Aが意思能力を有する場合、Aの父母の同意なく締結したAとの融資契約をAの父母が取り消すことはできない。
2) 未成年者Bと融資契約する場合には、Bの父母の同意があれば融資契約することができる。
3) 未成年者Cの父母が両名とも死亡している場合には、金融機関は、C単独を相手として融資契約することができる。
4) 金融機関が誤って法定代理人の同意なく未成年者Dと融資契約し、法定代理人がその契約を取り消した場合、Dのもとに当該融資に係る現存利益があっても、Dはその返還義務を負わない。

### ・解説と解答・

1) 不適切である。未成年者が父母等の法定代理人の同意を得ずに融資契約等の財産上の法律行為をした場合には、その行為は取り消すことができる（民法5条2項）。
2) 適切である。代理人がその権限内において本人のためにすることを示してした意思表示は本人に対して直接にその効力を生ずる（民法99条1項）。
3) 不適切である。未成年者に法定代理人がいない場合には、家庭裁判所により未成年者後見人が選任されて法定代理人となる（民法838条1号）。また、同法840条1項に基づき、銀行も利害関係人として選任を請求することができる。
4) 不適切である。未成年者Dのもとに現存利益がある場合には、それを限度としてDは返還義務を負う（民法121条の2第3項）。

<u>正解　2）</u>

## 1－11　制限行為能力者・法定代理人間の利益相反行為

《問》親権者である父が、自らの借入債務について未成年の子を保証人と
する行為に関する次の記述のうち、最も適切なものはどれか。

1）当該行為は利益相反行為に該当しないため、父が未成年の子を代理
して保証契約を締結することができる。

2）当該行為は利益相反行為に該当するため、もう一方の親権者である
母のみが未成年の子を代理して保証契約を締結することとなる。

3）当該行為は利益相反行為に該当するため、父は代理権を行使するこ
とはできず、未成年の子のために家庭裁判所に請求して特別代理人
の選任を受け、その特別代理人と母とが共同して未成年の子を代理
することにより保証契約を締結しなければならない。

4）当該行為は利益相反行為に該当しないため、父は未成年の子を代理
することができるが、保証契約は父と未成年の子との間の合意によ
り成立するため、父の自己契約として無権代理行為とみなされる。

### ・解説と解答・

　親権者の借入れについて未成年の子の財産を担保に供する行為や未成年の子
に保証させる行為は、親権者と未成年の子の利益相反行為となる。利益相反関
係にある親権者は代理権を行使できず、未成年の子のために特別代理人の選任
を家庭裁判所に請求しなければならない（民法826条1項）。その選任を受け
て、利益相反を生じない親権者と特別代理人が共同して未成年の子を代理して
担保提供や保証を行うことになる。

1）不適切である。当該行為においては、父と未成年の子の利益が相反するか
ら、利益相反行為に当たる。

2）不適切である。利益相反を生じない母が単独で未成年の子を代理できるわ
けではなく、家庭裁判所の選任した特別代理人と共同して未成年の子を代
理する必要がある。

3）適切である。

4）不適切である。当該行為は利益相反行為に当たることに加え、そもそも保
証契約は債権者と保証人との間の契約であり、債務者である父と保証人と
なる未成年の子との間の契約ではないため、自己契約（同一の法律行為に
ついて相手方の代理人としてした行為）には当たらない。なお、無権代理

とは、代理人を自称する者が権限を持っていないのに代理行為を行う、または代理人が与えられた権限の範囲を超えて代理行為を行うことをいう。

<u>正解　3）</u>

## 1-12　定型約款

《問》民法で定められた定型約款に関する次の記述のうち、最も不適切な
ものはどれか。
1) 定型約款とは、定型取引に係る契約の内容とすることを目的とし
て、その定型取引の当事者の一方により準備されたものをいう。
2) 定型約款の条項のうち、相手方の権利を制限し、または相手方の義務
を加重する条項であって、その定型取引の態様および実情ならびに
取引上の社会通念に照らして信義則に反し相手方の利益を一方的に
害すると認められるものについては、合意しなかったものとみなさ
れる。
3) 定型約款を準備した者があらかじめその定型約款を契約の内容とす
る旨を新聞で広告していた場合、定型取引を行うことに合意した者
は、定型約款の個別条項について合意したものとみなされる。
4) 定型約款の変更が相手方の一般の利益に適合する場合、定型約款を
準備した者が定型約款を変更することにより、変更後の定型約款の
条項について合意があったものとみなし、個別に相手方と合意をす
ることなく契約の内容を変更することができる。

### ・解説と解答・

　現代社会においては、大量の取引を迅速に行うため、詳細で画一的な取引条
件等を定めた約款を用いることが必要不可欠になっていることから、民法にお
いて定型約款に関する規定が設けられている。民法548条の2第1項におい
ては、①ある特定の者が不特定多数の者を相手とする取引で、②内容の全部また
は一部が画一的であることが当事者双方にとって合理的なものが定型取引と定
義され、定型約款とは、定型取引において、契約の内容とすることを目的とし
て、その特定の者より準備された条項の総体をいうものと定義されている。
1) 適切である（民法548条の2第1項柱書）。
2) 適切である（民法548条の2第2項）。
3) 不適切である。定型取引を行うことの合意をした者が、定型約款の個別条
　項についても合意をしたものとみなされるには、定型約款を準備した者
　が、新聞広告等の一般的な伝達手段によらず、あらかじめその定型約款を
　契約の内容とする旨を相手方に表示していることが必要とされる（民法

548条の2第1項2号)。

4）適切である（民法548条の4第1項)。

<u>正解　3）</u>

## 1－13　銀行取引約定書（1）

《問》銀行取引約定書（信用金庫取引約定書等を含む）に関する次の記述のうち、最も適切なものはどれか。

1）銀行取引約定書は、与信取引一般に係る基本約定書としての性質を有する。

2）銀行取引約定書は、手形貸付および手形割引のみに係る基本約定書としての性質を有する。

3）銀行取引約定書は、預金取引、融資取引、為替取引など銀行取引全般に係る基本約定書としての性質を有する。

4）銀行取引約定書は、外国為替取引の基本約定書としての性質は有していない。

### ・解説と解答・

1）適切である。銀行取引約定書は、すべての与信取引に共通して適用される規定を含んでいる。

2）不適切である。手形貸付、手形割引のみに係る基本約定書ではなく、与信取引一般に係る基本約定書としての性質を有する。

3）不適切である。名称からは預金取引や為替取引を含む印象を与えるが、適用範囲に係る条項によって明示されているように、銀行取引約定書は、「すべての与信取引」の基本約定書である。

4）不適切である。銀行取引約定書（旧）ひな型1条（適用範囲）には、外国為替取引が明記されている。

正解　1）

## 1-14 銀行取引約定書（2）

《問》銀行取引約定書（信用金庫取引約定書等を含む）に関する次の記述
のうち、最も不適切なものはどれか。
1) 取引先が署名を行ったうえで銀行取引約定書を金融機関に差し入
れ、金融機関が当該銀行取引約定書を受領した場合、合意が成立し
たものとされる。
2) 取引先と金融機関が銀行取引約定書を締結しただけでは、取引先と
金融機関との間に、個別具体的な権利義務は生じない。
3) 銀行取引約定書ひな型は、全国銀行協会連合会（現全国銀行協会）
などの業界団体により制定されたが、現在では廃止され、各金融機
関が独自に作成することとされている。
4) 銀行取引約定書は、民法に規定する定型約款に当たるとされてい
る。

### ・解説と解答・

1) 適切である。本肢のように、契約者の一方だけが署名を行い、銀行取引約
定書を1通のみ作成する契約方式を「差入方式」というのに対し、取引先
と銀行の双方が合意のうえ、双方で署名捺印した銀行取引約定書を2通作
成し、双方が原本を保管する方式を「双方署名方式」という。金融庁「中
小・地域金融機関の総合的な監督指針」Ⅱ-3-2-1-2(2)④イにおい
ては、銀行取引約定書の締結にあたり、双方署名方式を採用するか、また
は差入方式の場合その写しを交付するよう求めている。
2) 適切である。銀行取引約定書は、すべての与信取引に共通に適用される基
本的な条項を抜き出して列挙した与信取引の「基本約定書」としての性格
をもつが、銀行取引約定書の締結だけで個別具体的な権利義務が生じるわ
けではない。取引先と金融機関の間で、手形貸付および証書貸付などの金
銭消費貸借契約や手形割引などの個別取引が成立することによって、はじ
めて具体的な権利義務が生じる。
3) 適切である。銀行取引約定書（旧）ひな型は、融資など与信取引に共通す
る基本的事項を定めた約定書の参考例として、制定以来ほとんどすべての
金融機関において採用されてきたが、全国銀行協会は2000年4月18日同ひ
な型を廃止することを公表し、他の業界団体も同様に廃止した。もっと

も、各金融機関が作成する銀行取引約定書は、（旧）ひな型を原型としている。

4）不適切である。銀行取引約定書は、取引先との間で約定内容について個別に交渉する余地があり、実際に修正されることもあるため、定型約款には当たらないとされている。衆議院法務委員会での民事局長の答弁においても「銀行取引約定書は、個別に交渉して修正されることもあり、その意味でも画一的であることが合理的とは言いがたいので、定型約款には当たらないと考えている」とされている。

<u>正解　4）</u>

## 1－15　金銭消費貸借契約（1）

《問》金銭消費貸借契約に関する次の記述のうち、最も不適切なものはどれか。
1）金銭消費貸借契約は、利息を支払う特約がない限り、無利息である。
2）金銭消費貸借契約は、利息を天引きして金銭を交付しても、利息の天引額と交付額の合計金額を元本として成立する。
3）弁済期の定めのある金銭消費貸借契約において、期限の利益は貸主が有する。
4）金銭消費貸借の利息の契約が利息制限法に定める上限利率を超えている場合、超過する利息は無効とされ、債務者が任意に支払った場合であっても、不当利得として返還請求ができる。

### ・解説と解答・

1）適切である。貸主は、特約がなければ、借主に対して利息を請求することができない（民法589条）。
2）適切である。
3）不適切である。期限の利益とは、期限が到来するまでは、債務の履行を拒むことができるなどの利益をいう。民法では、期限の利益は「債務者のために定めたものと推定する」としており（民法136条1項）、原則として債務者（借主）が有する。
4）適切である。金銭消費貸借の利息の契約が利息制限法に定める上限利率を超えている場合、利息のうち上限利率によって計算した金額を超える部分が無効になり（利息制限法1条）、債務者が任意に支払った場合であっても、不当利得（いわゆる過払金）として返還請求ができる。

正解　3）

## 1－16　金銭消費貸借契約（2）

《問》金融機関銀行と取引先との間の金銭消費貸借契約に関する次の記述
のうち、最も不適切なものはどれか。
1）要物契約としての金銭消費貸借契約が成立するためには、取引先か
らの借入申込みとそれに対する金融機関の承諾があることに加え、
取引先が金融機関から直接金銭を受領する必要がある。
2）諾成的金銭消費貸借は、書面または電磁的記録であることが必要と
されている。
3）諾成的金銭消費貸借が成立すると取引先に対して貸す義務が銀行に
生ずる。
4）諾成的金銭消費貸借は、銀行から金銭を受領する前に取引先が破産
手続開始の決定を受けたときは、その効力を失う。

### ・解説と解答・

1）不適切である。判例・学説において、要物契約としての金銭消費貸借につ
いて、その要物性（現実に物の引渡しを要すること）の程度は順次緩和さ
れており、金銭の授受について必ずしも金銭（貸付代り金）を貸付先に直
接交付する必要はないとされる。金銭を受け取る方法として確実であり、
貸付先が経済的利益を受けるなど、取引上金銭の授受と同一視できる場合
であれば、利息を差し引いて交付する場合や預金口座に振込入金する場合
などでも金銭消費貸借は成立するとされている。
2）適切である。民法は、要物契約としての消費貸借と諾成的消費貸借の2つ
を認めているが、諾成的金銭消費貸借は、書面または電磁的記録する必
要がある（民法587条の2第1項・4項）。
3）適切である。諾成的金銭消費貸借契約が成立すると、借主に金銭の引渡請
求権（貸主の貸す義務）が発生し、金銭の引渡後は契約終了時に借主の金
銭返還義務が生じることになる。なお、借主に借りる義務は生じない。
4）適切である（民法587条の2第3項）。

<u>正解　1）</u>

## 1－17　金利等の規制

《問》貸付金額が10万円以上100万円未満の小口個人ローンに関する金利
等の規制に関する次の記述のうち、最も不適切なものはどれか。
1) 利息制限法では、貸付利率の上限を年18％としており、これに違反
した場合には、貸主に刑罰を科すとしている。
2) 出資法では、金銭の貸付を行う者が業として金銭の貸付を行う場合
の貸付利率の上限は、年20％と定められている。
3) 臨時金利調整法では、貸付利率の最高限度を年15％としているが、
1件の金額が100万円以下の貸付には適用されない。
4) 消費者契約法では、消費者が払うべき金銭を支払わなかった場合の
損害金料率の上限を14.6％としているが、金銭消費貸借の損害金に
は適用されない。

### ・解説と解答・

1) 不適切である。利息制限法では、元本が10万円以上100万円未満の金銭消
費貸借契約における貸付利率の上限を年18％としており、これに違反した
場合には、上限利率である年18％によって計算した金額を超える部分の利
息は無効としているが（利息制限法1条2号）、貸主に刑罰を科すことを
定めてされるわけではない。
2) 適切である。出資法の制限利率は、金銭の貸付を業として行う者について
は年率20％である（出資法5条2項）。
3) 適切である。臨時金利調整法の金利の最高限度は年15％であり、1件の金
額100万円以下または期間1年以上の貸付、手形割引、および外国通貨建
ての融資については、適用対象外である（昭和23年1月10日大蔵省告示第
4号「金融機関の金利の最高限度に関する件」）。
4) 適切である。消費者契約法では、消費者が金銭の支払を滞った場合におけ
る損害金の料率を年率14.6％に制限し、これを超える部分を無効としてい
る（消費者契約法9条）。金銭消費貸借の損害金の料率については、利息
制限法4条、7条に定めがあるので、この規定の適用はない（消費者契約
法11条2項）。なお、保証人が弁済したことによる求償権の料率について
は、この規定の適用がある。

正解　1)

## 1−18　手形の記載事項（1）

> 《問》統一手形用紙による手形の記載事項に関する次の記述のうち、最も適切なものはどれか。
> 1）当座勘定規定においては、所定の金額欄記載の金額のほかに手形面に異なる金額が複記されている場合、その手形金額は、所定の金額欄記載の金額によって取り扱うこととされている。
> 2）確定日払手形であれば、振出日の記載のないまま支払呈示をしても、支払呈示の効力がある。
> 3）支払場所の記載は、手形の必要的記載事項（手形要件）である。
> 4）手形面に「指図禁止（裏書禁止）文句」が記載されていても、その記載は無益的記載事項であり、手形は裏書によって譲渡することができる。

### ・解説と解答・

1）適切である。当座勘定規定では、「手形を受入れまたは支払う場合には、複記のいかんにかかわらず、所定の金額欄記載の金額によって取扱う」こととされている（当座勘定規定ひな型6条）。なお、手形法では、手形に金額が文字（漢数字）と数字（算用数字）で重複して記載され、その金額に差異があるときは、文字による金額を手形金額とし、ともに文字のみまたは数字のみで重複して金額が記載されているときには、最小金額を手形金額とするとしている（手形法6条、77条2項）。

2）不適切である。当座勘定規定上、手形の支払金融機関は、確定日払手形を振出日の記載がなくても当座勘定から支払うことができるが（当座勘定規定ひな型17条）、振出日は手形要件であり（手形法1条7号、75条6号）、記載のないまま支払呈示をしても、支払呈示の効力はなく、遡求権は保全されない（最判昭41.10.13民集20巻8号1632頁）。

3）不適切である。支払地は手形要件であるが（手形法1条5号、75条4号）、支払場所の記載は手形法上の第三者支払文句であり（同法4条）、記載すれば手形法上の効力を生じる有益的記載事項であり、手形要件ではない。

4）不適切である。手形面に記載された指図禁止文句は有益的記載事項であり、その手形は裏書によって譲渡することができず、債権譲渡の方式に従い、その効力をもってのみ譲渡することができる（手形法11条2項、77条1項1号）。

<u>正解　1）</u>

## 1－19　手形の記載事項（2）

《問》手形の記載事項に関する次の記述のうち、最も適切なものはどれ
か。
 1）手形金額を毎月50万円ずつ分割して支払うという分割払いの記載
　　は、有効とされている。
 2）受取人の記載のないまま振り出された手形は、一般に白地手形とさ
　　れており、そのまま呈示しても、手形法上で、支払呈示の効力が認
　　められている。
 3）手形上に記載された振出日が支払期日（満期日）より後である場
　　合、その手形は無効とはならない。
 4）手形の裏書欄の記載事項のうち、被裏書人欄の記載のみが抹消され
　　ている場合、裏書の連続の関係においては、その裏書は白地式裏書
　　として取り扱う。

### ・解説と解答・

 1）不適切である。手形金分割払いは有害的記載事項であり、記載するとその
　　手形自体が無効になる（手形法33条2項、77条1項2号）。
 2）不適切である。手形要件である受取人の記載のない手形は、一般に白地手
　　形として流通しており、支払金融機関は当座勘定の特約に基づき支払を
　　行っているが、このような手形は未完成の手形であり、白地部分を補充せ
　　ずに支払呈示をしても、法律上の支払呈示の効力は認められず、遡求権は
　　保全されない。
 3）不適切である。手形が支払期日（満期日）より後に振り出されることはあ
　　り得ないことから、振出日として記載された日付が支払期日（満期日）よ
　　り後である手形は無効である（最判平9.2.27民集51巻2号686頁）。
 4）適切である。手形の裏書欄の記載事項のうち、被裏書人欄の記載のみが抹
　　消されている場合、裏書の連続の関係においては、その裏書は白地式裏書
　　として取り扱う（最判昭61.7.18民集40巻5号977頁）。

正解　4）

## 1－20　約束手形用法

> 《問》約束手形用法に関する次の記述のうち、最も不適切なものはどれ
> か。
> 1）QRコードのない手形用紙を用いて発行した手形であっても、電子
> 　　交換所における交換は可能である。
> 2）金額が崩し字で記入された手形は不渡となる可能性がある。
> 3）手形金額以外の記載事項を訂正する場合、訂正の記載や捺印が金額
> 　　欄、振出人欄、およびQRコード欄に重ならないようにしなければ
> 　　ならない。
> 4）手形金額をアラビア数字で記入する場合、チェックライターを使用
> 　　し、3桁ごとに「，（カンマ記号）」を印字しなければならない。

### ・解説と解答・

　2022年11月4日より、手形交換所から電子交換所へと手形交換業務が移行され、金融機関間の手形等の交換は、実物の手形交換ではなく、手形のイメージデータの送受信により行われることとなった。これに伴い、手形イメージデータの読み取り精度を高めるため、全国銀行協会により「約束手形用法」が改定され、手形の記入時の注意事項が追加された。

　なお、手形・小切手については、かねてより決済手段のペーパーレス化に向けた検討の一環として電子化が検討されていたが、2021年6月に政府より公表された「成長戦略実行計画」において、「5年後の約束手形の利用廃止」「小切手の全面的な電子化」が盛り込まれたことから、全国銀行協会により、「2026年度末までに全国手形交換所における手形・小切手の交換枚数をゼロにする」ことを最終目標とする自主行動計画が策定された。当該自主行動計画上、電子交換所は、あくまで「全面的な電子化が達成されるための過渡期的な対応」と位置づけられている。

1）適切である。金融機関によっては、QRコード付き統一手形・小切手用紙に変更されるが、従前のQRコードのない用紙も引き続き利用可能である。
2）適切である。崩し字で書かれた金額は、イメージデータ読取り時の誤読により、「金額欄記載方法相違」（第2号不渡事由）として不渡返還される可能性がある。これを防ぐため、約束手形用法においては、崩し字を使用せず、楷書で丁寧に記入するよう定められている（約束手形用法4条3項）。

3）不適切である。約束手形用法においては、手形イメージデータを生成する
　際のOCR（光学文字認識）の誤読を防ぐため、訂正の記載や捺印が金額
　欄、銀行名、QRコード欄に重ならないようにしなければならないと定め
　られているが（約束手形用法5条）、振出人欄に訂正の記載や捺印が重な
　ることについては特に規定がない。

4）適切である。電子交換所システムでは、金額欄の3桁ごとに「,（カンマ
　記号）」がないと金額チェック時にエラーとなるため、約束手形用法にお
　いては、3桁ごとに「,（カンマ記号）」を印字するよう定められている
　（約束手形用法4条2項）。

<u>正解　3）</u>

## 1－21　手形割引

> 《問》手形割引に関する次の記述のうち、最も適切なものはどれか。
> 1）割引された約束手形の振出人は、受取人から振出の原因となった売
>    買契約の目的物の引渡しを受けていなければ、契約不履行の抗弁を
>    もって、割引金融機関にも対抗することができる。
> 2）金融機関は、中間裏書人がいる手形を割引し、適法な支払呈示をし
>    たにもかかわらず、その手形が不渡になった場合には、中間裏書人
>    に対しても手形金の支払を請求することができる。
> 3）割引依頼人に対する買戻請求権が発生した場合には、割引金融機関
>    がその後に手形所持人としての権利を行使することは認められな
>    い。
> 4）割引依頼人の信用状態が悪化した場合でも、割引金融機関は、割引
>    手形の支払期日前に買戻請求権を行使することはできない。

### ・解説と解答・

　手形割引とは、手形の所持人の依頼により、期日未到来の手形を額面金額か
ら満期日までの割引料（利息相当額）を差し引いた金額で、銀行が買い取るこ
とをいう。割引料は、実質的に金利に準ずるものとして、その料率の規制内
で、割引実行日から手形期日までの日数について日割計算をして求める（臨時
金利調整法1条2項）。なお、手形割引の法的性質は、手形の買戻特約付きの
売買契約である（最判昭48.4.12）。
1）不適切である。契約不履行の抗弁は「人的抗弁（特定の請求者のみに対し
　　て主張することができる抗弁）」であるから、約束手形の振出人は、割引
　　金融機関が振出人を害することを知ってその手形を取得した場合は別とし
　　て、割引金融機関に対し契約不履行の抗弁をもって対抗することができな
　　い（手形法17条、77条1項1号）。
2）適切である。手形割引取引において、割引金融機関は、割引手形が適法な
　　支払呈示をしたにもかかわらず不渡になった場合には、最終裏書人である
　　割引依頼人に対してだけではなく、中間裏書人に対しても「遡求権」に
　　よって手形金の支払を請求することができる（手形法43条、77条1項4
　　号）。なお、手形要件である振出日や受取人が白地の手形をそのまま提示
　　した場合には、「遡求権」は保全されない（最判昭41.10.13民集20巻8号

1632頁ほか)。

3）不適切である。割引金融機関は、「買戻請求権」が発生した場合でも、割
　引依頼人が買戻債務を履行するまでは、手形所持人としていっさいの手形
　上の権利を行使することができる（銀行取引約定書（旧）ひな型6条3
　項）。

4）不適切である。割引金融機関は、割引手形が期日に支払われなかったとき
　のほか、割引依頼人や手形の主債務者の一定の信用状態の悪化があれば、
　支払期日前でも「買戻請求権」を行使することができる（銀行取引約定書
　（旧）ひな型6条1項）。

正解　2）

## 1 −22　でんさい

《問》全銀電子債権ネットワーク（以下、「でんさいネット」という）が
　　　取り扱う電子記録債権（以下、「でんさい」という）に関する次の
　　　記述のうち、最も不適切なものはどれか。
　1 ）でんさいの譲渡を行う場合、債権金額の一部を分割して譲渡するこ
　　　とが可能である。
　2 ）でんさいの譲渡を行う場合、原則として、譲渡記録と譲渡保証記録
　　　の請求を合わせて行う必要がある。
　3 ）でんさいは、銀行取引における割引や譲渡担保による担保として利
　　　用することはできない。
　4 ）でんさいネットには、電子交換所の取引停止処分制度と類似する、
　　　取引停止処分制度が設けられている。

### ・解説と解答・

1 ）適切である（電子記録債権法43条）。ただし、譲渡対象となる子債権は、
　　債権金額を 1 円以上100億円未満とする必要がある（でんさいネット業務
　　規程細則29条 4 項）。
2 ）適切である。でんさいネットでは、でんさいの譲渡に手形の裏書譲渡と同
　　様の効果をもたせるため、でんさい譲渡の際に、でんさいの譲渡人を電子
　　記録保証人とし、発生記録における債務者の債務を主たる債務とする保証
　　記録をあわせて行うことを原則としている。ただし、当該でんさいの譲受
　　人が譲渡保証記録を不要とする場合は、譲渡保証記録なしで譲渡すること
　　も認められている（でんさいネット業務規程31条 2 項）。
3 ）不適切である。でんさいは、割引による利用はもちろん、譲渡担保として
　　利用することもできる。すなわち、電子債権記録機関における「譲渡記
　　録」により、譲渡取得または譲渡担保取得できる。
　　　でんさい等の電子記録債権の譲渡は、電子債権記録機関が譲渡記録をす
　　ることによってその効力が生じる（電子記録債権法17条）。また、電子記
　　録債権は、その一部を分割して譲渡することができる（同法43条）。な
　　お、でんさいは債権譲渡の対抗要件具備の手続が不要なこと、債権の不存
　　在や二重譲渡のリスクがないこと、譲渡制限特約の存在を確認する必要が
　　ないことなどから、売掛金の債権譲渡担保と比べて手続が容易で、担保と

しての適格性は充分である。

4）適切である。電子交換所の取引停止処分制度と同様、でんさいネットにも取引停止処分制度が設けられており、6カ月以内に2回、支払不能が発生した場合は、2年間、でんさいネットの債務者としての利用、および全参加金融機関においての貸出取引が停止される（でんさいネット業務規程48条、49条）。

正解　3）

## 1-23　手形貸付（1）

《問》手形貸付に関する次の記述のうち、最も不適切なものはどれか。
1）手形貸付は、取引先から貸出金額を手形金額とする約束手形の差入れを受けて行う。
2）手形貸付取引に特有の契約条項は、銀行取引約定書（信用金庫取引約定書等を含む）に規定されているので、別途約定書を徴求する必要はない。
3）手形貸付によって、金融機関は貸付債権とともに手形債権を取得する。
4）金融機関が行う手形貸付には、臨時金利調整法による金利規制が適用されるので、利息制限法による金利規制は適用されない。

### 解説と解答

1）適切である。手形貸付において、取引先は、金銭消費貸借契約証書に代え、取引先が金融機関宛に振り出した貸出金額を手形金額とする約束手形（単名手形）を差し入れる。
2）適切である。手形貸付に必要な条項は、一般に銀行取引約定書（信用金庫取引約定書等を含む）に規定されている。
3）適切である。手形貸付によって、金融機関は、貸付債権（金銭消費貸借上の債権）と手形債権を併有し、そのいずれによっても請求することができる（銀行取引約定書（旧）ひな型2条）。
4）不適切である。手形貸付は法律的には金銭の消費貸借であり、利息制限法の金利規制の適用対象である。臨時金利調整法と利息制限法とでは目的が異なり、両方の適用対象であれば、重複して適用される。もっとも、臨時金利調整法では、1件の金額100万円以下または期間1年以上の貸付、手形割引、および外国通貨建ての貸付を除き、最高限度が年率15％に制限されるので、それを守っていれば、利息制限法に抵触することはない。

正解　4）

## 1-24 手形貸付（2）

《問》手形貸付に関する次の記述のうち、最も不適切なものはどれか。
1) 手形貸付は、金銭消費貸借契約証書の代わりに借主が振り出した約束手形の差入れを受けるが、この手形を単名手形という。
2) 手形貸付における手形は、金銭消費貸借を原因関係として、その債権の支払確保のために振り出されたものとされている。
3) 手形貸付において、金融機関は、金銭消費貸借上の債権と手形債権とを有するが、手形債権が時効によって消滅すれば、金銭消費貸借上の債権も消滅する。
4) 手形貸付は、一般的に、1年以内の短期融資に利用される融資方法であるとされている。

### ・解説と解答・

1) 適切である。手形割引では、割引依頼人・約束手形振出人（あるいは為替手形引受人）・中間裏書人・為替手形振出人がそれぞれ支払義務を負担するため、債務者が複数いるが、手形貸付においては、借主（融資先）から差入れを受ける借主振出の約束手形は、借主（およびその保証人）だけが署名しており、ほかに手形債務者がいないので、単名手形という。

2) 適切である。金融機関は手形を徴求することにより、借主に対して貸付債権（金銭消費貸借上の債権）のほかに手形債権を取得することになる。

3) 不適切である。手形貸付は、法律的には金銭消費貸借契約であるから、金融機関は金銭消費貸借上の債権（貸付債権）をもつほか、取引先振出の約束手形の差入れを受けることから、手形債権を併せもつ。

債権は、債権者が権利を行使することができることを知った時から5年間行使しないとき（民法166条1項1号）、または権利を行使することができる時から10年間行使しないとき（同項2号）に時効により消滅する。一方、手形債権の消滅時効は満期の日より3年（手形法70条1項、77条1項8号）であるため、通常、手形債権が先に時効によって消滅するが、債権の満足を得たわけではないので、それによって金銭消費貸借上の債権が消滅することはない。

4) 適切である。

正解 3)

## 1-25 証書貸付

《問》証書貸付取引に関する次の記述のうち、最も不適切なものはどれか。

1）証書貸付の証書は、貸付契約の存在を証明するための証拠として作成される。

2）証書貸付は、融資にあたり取引先から銀行を受取人とする約束手形を差し入れてもらう融資方法である。

3）証書貸付債権の譲渡は、債権譲渡の方法によって行われる。

4）証書貸付取引において、債務者から差し入れを受ける証書は、強制執行のための債務名義とはならない。

### ・解説と解答・

1）適切である。

2）不適切である。本肢は手形貸付の記述である。証書貸付は、融資にあたり融資先から融資金額、利率、返済方法等の融資条件を記載した証書（金銭消費貸借契約証書）の差入れを受けて行う形式の融資方法である。なお、証書貸付であっても、貸付金の返済を確保するため、手形の差入れを受けることがある。

3）適切である（民法466条）。

4）適切である。債務名義とは、権利の存在と内容を公的に証明した文書である。強制執行は債務名義に基づいてのみすることができるが（民事執行法22条）、確定判決（同条1号）や執行証書（同条5号）など法定された文書に限られ、私文書である債権証書は含まれない。

<u>正解　2）</u>

## 1－26　当座貸越（1）

《問》当座貸越契約に関する次の記述のうち、最も不適切なものはどれ
か。
1）当座勘定に、当座勘定取引先の振り出した手形・小切手を支払うだ
けの資金がない場合でも、極度額の範囲を超えない限り、当座勘定
取引先がその都度不足分を当座勘定に入金する必要はない。
2）当座勘定取引先は、当座貸越契約で定められた当座貸越極度額を元
本として計算された利息を支払わなければならない。
3）当座貸越契約においては、相当の事由がある場合、金融機関はいつで
も貸越極度額の減額や貸越の中止、当座貸越契約の解約ができる。
4）当座貸越契約中に、当座貸越取引先に期限の利益の喪失事由と同じ
事由が生じた場合には貸越元利金を直ちに支払う旨の約定を設ける
ことは、適法である。

### ●解説と解答●

1）適切である。当座勘定取引における手形・小切手の支払が、極度額の範囲
まで立替払いにより行われることを通じて、結果的に貸越が実行されるの
で、当座勘定取引先がその都度不足分を当座勘定に入金することは不要で
ある。
2）不適切である。当座勘定取引先は、定められた当座貸越極度額に基づいて
利息計算をするわけではなく、実際の不足額（当座貸越残高）を元本とし
て計算された利息を支払えば足りる。
3）適切である。当座勘定貸越約定書において、相当の事由がある場合は、銀
行はいつでも貸越極度額の減額、貸越の中止、当座貸越契約の解約ができ
る旨、定められている（当座勘定貸越約定書6条1項）。
4）適切である。このような条項を「即時支払条項」という。当座貸越約定書
に、「即時支払条項」を定めることは適法である（当座勘定貸越約定書5
条）。「即時支払条項」は、銀行取引約定書に定める期限の利益喪失条項と
同趣旨の規定である。取引期限の定めのない当座貸越契約であっても、取
引先がこの条項に該当したときは、金融機関は当然に、または請求により
貸越元利金の弁済を求めることができる。

正解　2）

## 1－27　当座貸越（2）

《問》当座貸越契約に関する次の記述のうち、最も不適切なものはどれ
か。
1）当座貸越は、手形割引や手形貸付と異なり、原則として当座勘定取
引がなければ利用することはできない。
2）融資取引を当座貸越で新しく開始する場合において、銀行取引約定
書の差入れは不要である。
3）当座貸越金の回収においては、当座勘定への入金手続がそのまま当
座貸越金の回収手続となる。
4）利息計算の基礎となる毎日の貸越残高の決め方として、現在では、
計算方法の単純化、画一化の要請もあり、「最終残高比較法」が一
般的に採用されている。

### ・解説と解答・

1）適切である。典型的な当座貸越は、当座勘定取引契約に付随した取引であ
り、当座勘定取引がなければ当座貸越も利用できない点において、手形割
引や手形貸付と異なっている。なお、最近では当座勘定取引の存在を前提
とせず、取引先の請求があれば、あらかじめ定めた極度額まで貸し付ける
ことを約定した当座貸越があり、「特殊当座貸越」などといわれている。

2）不適切である。当座勘定貸越約定書は、銀行取引約定書の付属約定書とし
ての意味を持つことから、融資取引を当座貸越で新しく開始するときは、
銀行取引約定書の差入れが必要となる。銀行取引約定書は、当座貸越を含
めた与信取引全般について、当該約定書の各条項の適用を受ける旨を定め
ている（銀行取引約定書（旧）ひな型1条1項）。

3）適切である。

4）適切である。最終残高比較法とは、前日最終残高と当日最終残高を比較し
て、いずれか多いほうを当日の残高とするものであるが、現在では計算方
法の単純化、画一化の要請もあり、一般的に採用されている。

正解　2）

## 1-28 コミットメント・ライン契約

《問》コミットメント・ライン契約（特定融資枠契約）に関する次の記述のうち、最も不適切なものはどれか。

1）コミットメント・ライン契約は、あらかじめ貸主と借主が合意した契約期間、融資限度枠および融資条件の範囲であれば、借主の請求によりいつでも借入れをすることができる契約である。

2）コミットメント・ライン契約では、実際に借入れを行わなければ、借主にコミットメント・フィーを支払う義務は生じない。

3）特定融資枠契約法に基づき、コミットメント・フィーについては、利息制限法および出資法に定めるみなし利息の規定は適用されない。

4）コミットメント・ライン契約では、通常、借主に期限の利益喪失事由が生じているときは、貸主は貸付義務を負わないことが定められている。

・解説と解答・

1）適切である（特定融資枠契約法2条）。

2）不適切である。コミットメント・ライン契約におけるコミットメント・フィーは、借主に対して、借主の請求に基づきいつでも借り入れることができる権利（コミットメント・ライン）を付与することの対価であり、借入れがなくても借主は支払う義務を負う。

3）適切である（特定融資枠契約法3条）。

4）適切である。銀行取引約定書、コミットメント・ライン設定契約書の期限の利益喪失条項に基づくものである。

<u>正解　2）</u>

## 1－29　当座貸越契約とコミットメント・ライン契約

《問》当座勘定契約に付随した当座貸越契約、およびコミットメント・ライン契約（特定融資枠契約）に関する次の記述のうち、最も不適切なものはどれか。

1）コミットメント・ライン契約の契約方式には、バイラテラル方式とシンジケート方式がある。

2）当座貸越契約において、取引先は金融機関に対して貸越利息を支払うが、取引の対価として別途の手数料を支払うことはない。

3）当座貸越契約は、手数料を徴収しないが、コミットメント・ライン契約に該当する。

4）コミットメント・ライン契約においては、契約期間中に融資が発生しなかった場合であっても、取引先は、契約金融機関に対し定期的に手数料を支払わなければならない。

### ・解説と解答・

1）適切である。コミットメント・ライン契約の契約方式には、銀行と借主（融資先）が個別に契約を締結するバイラテラル方式（相対型）と、借主に対し、複数の金融機関がシンジケート団を組成し、同一の契約書により同一条件で融資を行うシンジケート方式（協調型）がある。

2）適切である。当座貸越契約は、当座勘定の一時的な不足金を貸越というかたちで融資する取引であり、貸越利息のほかには手数料を受け取らない。

3）不適切である。コミットメント・ライン契約の法的性格は、借主が貸主に手数料を支払うことを約し、一定の期間および融資の極度額の限度内において、借主のみが予約完結権を行使することにより、諾成的消費貸借契約が成立し、貸主には、金銭を交付する義務が生じるというものである（特定融資枠契約法 2 条 1 項）。当座貸越契約は、一般に手数料を徴しておらず、極度額までの貸付義務が認められない等、コミットメント・ライン契約とは異なるものである。

4）適切である。コミットメント・ライン契約は、取引先が金融機関と合意した借入限度額、期間、借入条件の範囲内において、自由に借入れをする権利を取得し、当該権利の付与に対して手数料を支払う契約であり、融資が発生しなくても、取引先は定期的に手数料を支払う義務がある（特定融資枠契約法 2 条）。

**正解　3）**

## 1－30　シンジケートローン

《問》シンジケートローンに関する次の記述のうち、最も不適切なものは
どれか。
1）シンジケートローンとは、複数の金融機関がシンジケート団を組成
し、協調して融資を行うことをいう。
2）シンジケートローンでは、複数の金融機関が金融機関ごとに融資契
約書を作成し、同一条件で融資を行い、金融機関ごとに金銭消費貸
借が成立する。
3）シンジケートローンは、市場型間接金融の資金調達手段であり、証
券化して投資家に売却する可能性を持っている。
4）アレンジャー（とりまとめ役）の金融機関（主幹事）は、資金の調
達企業と利率や期間などを調整し、参加各金融機関と分担して協調
融資を成立させる役割をもつ。

### 解説と解答

1）適切である。複数の金融機関がシンジケート団を組成し、協調して融資を
行うことをシンジケートローン（協調融資の一種）という。
2）不適切である。シンジケートローンでは、複数の金融機関が1つの契約書
に基づいて同一の融資条件で融資する。なお、金銭消費貸借は、貸付人た
る個別の金融機関ごとに成立する。
3）適切である。シンジケートローンは、市場型間接金融の資金調達手段と呼
ばれ、融資による間接金融と証券化して投資家に売却する可能性をもつと
いう点に特徴がある。
4）適切である。一般に、アレンジャーの金融機関は、契約締結後はエージェ
ントに就任し、各貸付人の代理人となる。エージェントは、契約期間中の
事務面の取りまとめを行う。

正解　2）

## 1－31　代理貸付

《問》代理貸付に関する次の記述のうち、最も適切なものはどれか。
1）代理貸付とは、政府系金融機関等の委託金融機関の代理人として、
　　受託金融機関が融資先に融資することである。
2）日本政策金融公庫の代理貸付は、受託金融機関に融資決定権はな
　　く、受託金融機関の保証責任割合は20％とされている。
3）代理貸付先が倒産した後に回収金があった場合は、受託金融機関は
　　優先的に保証責任割合分を回収できる。
4）代理貸付を実行した場合の代理店の保証責任部分の勘定処理は、資
　　産科目は「代理貸付債務保証」勘定、負債科目は「代理貸付債務保
　　証見返」勘定となる。

### 解説と解答

1）適切である。代理貸付とは、受託金融機関の銀行が政府系金融機関（委託
　金融機関）の代理人として、委託金融機関の資金を融資先に融資すること
　である。
2）不適切である。日本政策金融公庫の代理貸付は、受託金融機関が80％の保
　証責任を負い、融資の決定権を持つ。
3）不適切である。代理貸付の融資先が倒産し、その時点で未回収金がある場
　合、その残高に対し保証割合による保証履行責任を負うこととなる。ま
　た、倒産後に回収があった場合、按分回収責任を受託金融機関が負うこと
　とされている。例えば、保証割合が80％の代理貸付を行い、代理貸付金残
　高が100万円のときに融資先が倒産したケースでは、受託金融機関として
　は委託金融機関に80％である80万円の保証債務を履行し、融資先に対し80
　万円の求償権を取得することになるが、保証債務履行後になんらかの理由
　で30万円回収できたとしても、受託金融機関は委託金融機関の代理貸付金
　に30万円の20％である6万円を充当しなければならず、受託金融機関がこ
　れにより自らの求償権80万円に充当できるのは、30万円の80％である24万
　円ということになる。この結果、受託金融機関の債務者に対する求償権残
　高は56万円となり、一方、委託金融機関の代理貸付金残高は14万円とな
　る。つまり、回収後における、受託金融機関と委託金融機関の債権残高
　も、80：20になるようにしなければならず、その後に回収があった場合も

同様に処理しなければならない。このように按分回収責任を受託金融機関
が負うことになると、受託金融機関は自らの求償権を 0 にするには、委託
金融機関の代理貸付金も全額合わせて回収しなければならないことにな
る。

4) 不適切である。代理貸付の受託金融機関が、保証責任部分の勘定処理を行
う場合、負債科目は「代理貸付債務保証」勘定とし、資産科目は「代理貸
付債務保証見返」勘定とする必要がある。

<u>正解　1)</u>

## 1−32 支払承諾

《問》支払承諾に関する次の記述のうち、最も不適切なものはどれか。
1）銀行取引約定書には、支払承諾に適用される条項が明記されているため、支払承諾の実行時までに取引先と銀行取引約定書を締結していれば、新たに支払承諾約定書を受け入れる必要はない。
2）支払承諾において銀行等と取引先は、支払承諾の委任関係にあたる。
3）支払承諾の保証料は、銀行等が信用を貸す使用料や万が一の場合の危険負担料等の意味合いを持つ。
4）支払承諾による保証債務は、主債務の弁済により消滅するほか、保証債務の免除や保証債務履行請求期限の経過などによっても消滅する。

### ・解説と解答・

1）不適切である。銀行取引約定書には、支払承諾に適用される条項は明記されているが、支払承諾取引に必要なすべての条項が含まれているわけではないため、支払承諾約定書を受け入れる必要がある。

2）適切である。銀行等と取引先との関係は、支払承諾の委託と応諾に基づく委任（民法643条）に当たり、銀行等と第三者（取引先の債権者）との間には、銀行等を保証人とする保証契約が成立する。

3）適切である。支払承諾の保証料は、法律的には、銀行等が信用を貸す使用料や万が一の場合の危険負担料等に対する報酬と考えることができ、商法512条に規定された報酬請求権が根拠条文となる。なお、民法上の規定では、保証料の支払請求権が発生するのは、支払承諾の履行後とされるが（民法648条2項）、金融実務上は、支払承諾約定書に特約を定め、手形保証時または保証書発行時に前払いとすることが一般的である。

4）適切である。支払承諾による保証債務は、主債務が弁済などの理由により消滅した場合、保証債務が免除された場合、保証債務履行請求期限が経過した場合などに消滅する。

<u>正解　1）</u>

## 1－33 ABL

《問》ABL（アセット・ベースト・レンディング）に関する次の記述の
うち、最も不適切なものはどれか。

1）ABL とは、借手企業が保有する売掛金などの債権、在庫などの動
   産、事業性資産や知的資産を担保として活用する融資手法のことで
   ある。
2）ABL による融資が実行された場合、貸手である金融機関には、借
   手である取引先企業を定期的に訪問し、売掛金や在庫の残高などの
   情報を確認する義務が生じる。
3）ABL のメリットの１つに、手続を通じてコミュニケーションを図
   ることにより、借手である取引先企業と貸手である金融機関の相互
   理解が深まることが挙げられる。
4）ABL のデメリットの１つに、担保となる動産には、毀損や価値の
   下落といったリスクが常につきまとうことが挙げられる。

### ・解説と解答・

1）適切である。
2）不適切である。ABL による融資が実行された場合、借手である取引先企
   業には、貸手である金融機関に対し、定期的に売掛金や在庫の残高などの
   情報を報告する義務が生じる。金融機関は、取引先企業からの報告をもと
   に担保の評価替え等の管理を行い、担保価値に応じて融資可能額を変動さ
   せ、取引先が法的破たんなどにより事業継続できなくなった場合は、担保
   債権の直接回収や、在庫などの処分により、担保の資金化を図ることとな
   る。
3）適切である。上記２）の解説のとおり、定期的な担保資産の状況報告等を
   通じ、借手・貸手ともに事業に対する理解を深めることができるという点
   が ABL のメリットである。このほか、ABL のメリットとして、従来中小
   企業向けに行っていた無担保融資と比べ、信用補完機能があることが挙げ
   られる。
4）適切である。動産を担保とする ABL においては、担保資産が流動的であ
   るため、物理的管理が難しく、毀損や価値の下落といったリスクが常につ
   きまとうことや、債権回収の必要に迫られた際にすべての担保資産が処分

できるとは限らないといったデメリットが存在する。このほか、ABL の
デメリットとして、担保資産への登記による風評リスクのおそれがあるこ
とや、貸手である金融機関においても事務手続や事後管理による物理的・
金銭的負担が発生するということも挙げられる。

正解　2）

## 1−34　個人ローン・消費者ローン

《問》銀行における個人ローン等の契約に関する次の記述のうち、最も適
切なものはどれか。
1）個人ローンは、すべて証書貸付方式で行われる。
2）個人ローンは、個々に十分な担保はなく、借り手に十分な信用がな
いことから、リスクが高く融資の安全性が低いと考えられている。
3）個人ローン契約は、非営業性個人融資であるが、一般融資と同様に
銀行取引約定書と金銭消費貸借契約書が必要である。
4）消費者ローン契約書等の差入れを受ける方式で契約が締結された場
合は、当該契約書面の写しを交付するだけでなく、書面の内容を消
費者が理解できるように説明することが求められている。

### ・解説と解答・

1）不適切である。個人ローンのうち、提携ローンは通常、証書貸付方式で行
われるが、カードローンは、キャッシュカードを利用するローンであるこ
とから、当座貸越方式で行われる。
2）不適切である。個人ローンは、個々の借り手は十分な信用がないという弱
点はあるが、1件当りの金額が比較的少額で、小口分散されており、大口
集中化や連鎖倒産の危険は少なく、金利は一般融資より割高であることか
ら、一般的に融資の安全性が確保されていると考えられている。
3）不適切である。個人ローン契約書は、通常、銀行取引約定書を徴求しなく
ても金銭消費貸借契約書等で規定のすべてを賄えるように作成されている。
4）適切である。金銭消費貸借契約書等は銀行などで一方的に作成されたもの
で、担当者は契約書の写しを単に交付するだけでなく、書面の内容を消費
者が十分理解できるように説明する必要がある。

正解　4）

## 1-35　住宅ローン

《問》銀行における住宅ローンに関する次の記述のうち、最も適切なもの
はどれか。
1) 非提携住宅ローンの条件が満たされたときは、銀行内部の決裁手続
　を経たうえで、顧客より住宅ローン契約書を徴求し、団体信用生命
　保険の加入と抵当権設定登記を完了することにより、ローンを実行
　することとなる。
2) 提携住宅ローンにおいては、借入申込みの受付、適格性の審査は銀
　行自身が行わなければならない。
3) 銀行系列の関連会社が保証機関となる非提携住宅ローンは、銀行が
　担保や保証の手続を行わなければならない。
4) 全期間固定金利型住宅ローンは、最終期限まで金利が固定されるこ
　とから、割安な点に特徴がある。

### ・解説と解答・

1) 適切である。顧客の非提携住宅ローンの条件が満たされたときは、銀行内
　部所定の決裁手続により応諾の通知を行う。その手続としては、借主より
　住宅ローン契約書と団体信用生命保険の加入のための告知書を徴求し、
　ローン実行は、原則として抵当権設定登記後に行うこととなる。
2) 不適切である。提携住宅ローンは、借入申込みの受付および適格性の審査
　は提携会社が行う。銀行は、提携会社より借入申込書が送付されてきた後
　に、ローン条件が充足されればローンを実行したうえで、代り金を提携会
　社に振り込むこととなる。
3) 不適切である。非提携住宅ローンは、銀行系列の関連会社が保証機関とな
　ることが多いが、その場合、保証機関が自ら担保、保証の徴求手続を行う
　こととなる。
4) 不適切である。全期間固定金利型住宅ローンは、住宅ローン実行時点の金
　利が低利であって、その後に金利高になっていくと割安になるが、逆に金
　利が安くなると割高となることから、実行時点の金利水準によって将来の
　高低感が決まる点に特徴がある。

正解　1)

# 第2章

# 担保・保証

## 2－1　担保物権等

《問》担保・保証に関する次の記述のうち、最も不適切なものはどれか。
1）質権、抵当権および譲渡担保権は、いずれも民法に規定がある約定担保権である。
2）物上保証人とは、他人の債務のために自己の財産を担保として提供した者をいう。
3）人的担保とは、融資先以外の者の一般財産を債務の引当てにするものをいい、保証や連帯債務がこれに当たる。
4）銀行は、株式会社などの商人である取引先に対する融資金が延滞されると、その取引先から保護預りしている有価証券などの上に商事留置権を取得する。

### ・解説と解答・

1）不適切である。質権と抵当権は民法に規定がある約定担保権であるが、譲渡担保権は、債権担保の目的で財産権を債権者に譲渡する契約であり、民法には規定がない。譲渡担保権は、判例によって有効なことが認められている約定担保権である。
2）適切である。物上保証人とは、他人の債務のために自己の財産を担保提供した者をいう。なお、「保証人」といっても、物上保証をしただけでは、保証債務を負うわけではない。
3）適切である。融資先の財産は担保に提供されていなくても債務の引当て（強制執行の対象）であり、融資先以外の者に主たる債務者に代わって債務を弁済する義務を負わせ、その者の一般財産を債務の引当てにすることを人的担保という。保証契約や連帯債務の契約はその例である。
4）適切である。銀行は株式会社であり商人であるから、商人である取引先に対する融資金が弁済期にあれば、その債権の弁済を受けるまで、取引先から取立依頼を受けた商業手形や保護預りしている有価証券の上に法定担保権である商事留置権（商人間の留置権）を取得する（商法521条）。なお、信用金庫などの商人でない金融機関は商事留置権を取得しない。

正解　1）

## 2-2 不動産登記

> 《問》不動産登記に関する次の記述のうち、最も適切なものはどれか。
> 1）わが国の不動産登記には、公信力が認められていない。
> 2）仮登記担保権の登記は、不動産登記簿の権利部（乙区）欄に記載される。
> 3）抵当権は、その設定登記をしなければ、効力を生じない。
> 4）根抵当権は、元本確定期日の定めがなければ、その設定登記をすることができない。

### ・解説と解答・

1）適切である。不動産登記には、公示力、推定力、第三者対抗力などがあるが、公信力は認められていない。そのため、登記簿上の所有者と抵当権設定契約を結び、抵当権設定登記をしても、その者が真の所有者でなければ、その不動産上に設定されたこととなっている抵当権が無効になるという事態が生じうる。

2）不適切である。仮登記担保では、「所有権移転請求権」の仮登記をすることから、権利部（甲区：所有権に関する事項）欄に記録される。

3）不適切である。抵当権は、当事者間の合意によって成立する諾成契約であり、効力の発生には登記の必要はない（民法176条）。しかし、登記をしなければ、第三者に対抗することができず（同法177条）、第三者に抵当権の対象不動産が譲渡される等した場合には、その第三者に対して抵当権の効力を主張することができなくなる。

4）不適切である。根抵当権では、元本確定期日の定めをした場合には、その定めは登記事項であるが（不動産登記法88条2項3号）、元本確定期日を必ずしも定める必要はない（民法398条の6第1項）。なお、元本確定期日を定める場合は契約または変更の日から5年以内の日にしなければならず（同条3項）、かつ、確定期日およびその変更は登記される必要がある。そのため、継続的に根抵当取引をする場合には5年ごとに変更の合意と登記を必要とするので、期日管理の繁雑さと負担を避けるため、金融機関は一般に確定期日を「定めない」としている。

正解　1）

## 2－3　新規取引先に対する抵当権設定と登記事項証明書

《問》A銀行が、新規取引先B株式会社に対する設備資金の融資の担保として、同社が所有する不動産に第一順位の抵当権設定を受けることとした場合に関する次の記述のうち、最も不適切なものはどれか。

1）A銀行は、抵当権設定契約の締結にあたって、国税・地方税に優先して貸付債権の弁済が受けられることになるかどうかを調査する必要がある。

2）差押え・仮差押え・仮処分の登記、競売開始の申立て・租税滞納処分による差押えの登記は、登記事項証明書の権利部（乙区）に記載される。

3）登記事項証明書の権利部（甲区）には、所有権に関する事項が記載され、権利部（乙区）には、所有権以外の権利に関する事項が記載される。

4）抵当権は、設定契約で定めた特定の債権だけを担保するのに対し、根抵当権は、設定契約では極度額・被担保債権の範囲・債務者を定め、根抵当権者が債務者に対して被担保債権の範囲の取引において取得する不特定の債権を極度額の限度で担保する。

### ・解説と解答・

1）適切である。なお、抵当権と国税等の滞納処分との関係については、納税者（抵当権設定者）が国税等の法定納期限等より以前に抵当権を設定し、その登記がしてある場合は、その抵当権によって担保される債権は、国税等に優先して弁済が受けられることになっている（国税徴収法16条、地方税法14条の10）。

2）不適切である。本肢の記載事項は、いずれも登記事項証明書の権利部（甲区）に記載される。

3）適切である。登記簿は表題部と権利部に分かれており、表題部には土地や建物の表示に関する事項が記載されている。権利部はさらに甲区と乙区に分かれており、甲区には所有権に関する事項、乙区には所有権以外の権利に関する事項が記載されている（不動産登記法12条、不動産登記規則4条）。

4）適切である（民法398条の2、398条の3第1項）。

正解　2）

## 2－4　法定地上権

> 《問》法定地上権が成立するための要件に関する次の記述のうち、最も不適切なものはどれか。
> 1）抵当権または根抵当権が設定された時、すでに土地の上に建物が存在していること。
> 2）抵当権または根抵当権が設定された時、土地の上に存在している建物について保存登記がなされていること。
> 3）抵当権または根抵当権が設定された時、土地およびその土地の上に存在している建物の所有者が同一人であること。
> 4）抵当権または根抵当権の実行による競売によって土地と建物の所有者が異なることになったこと。

### ・解説と解答・

　土地とその土地上の建物の所有者が同一である場合、土地または建物の一方または双方に抵当権または根抵当権が設定され、その実行によって、土地と建物の所有者が別々になったときは、建物を存続させるため地上権が設定されたものとみなされる。これを法定地上権という（民法388条）。法定地上権が成立するということは、土地についてはその地上権の負担分だけ土地の価値が低減し、建物についてはその地上権の分だけ価値が増加するということであり、抵当権者または根抵当権者としては、土地に抵当権を設定する場合には、抵当権が実行された場合に法定地上権が成立することを回避すべきであるから、抵当権または根抵当権設定時の現地調査が重要となる。建物が存在している場合は、法定地上権が成立しないように、土地・建物の両方に抵当権または根抵当権を設定することが必要となる。

1）適切である。

2）不適切である。建物が未登記であっても法定地上権が成立するものとされている（大判昭14.12.19）。抵当権または根抵当権を設定しようとする者が現地調査すれば、建物が存在していることは容易に知ることができることから、そのように解釈されている。

3）適切である。

4）適切である。

正解　2）

## 2－5 借地上の建物の担保取得

> 《問》借地上の建物の担保取得に関する次の記述のうち、最も不適切なものはどれか。
> 1）借地上の建物に設定された抵当権の効力は、地主の承諾がなくても借地権に及ぶ。
> 2）抵当権設定登記のある土地に借地権が設定され、借地人が建物を建てた場合、土地の抵当権者は、抵当土地とともにその建物を競売することができる。
> 3）借地上の建物が競売された場合において、その買受人は、借地権が地上権であるか賃借権であるかにかかわらず、借地権の取得について地主の承諾またはそれに代わる裁判所の許可を得る必要がある。
> 4）借地権は、その登記がなくても第三者に対抗できる場合がある。

### ・解説と解答・

1）適切である。借地権は、借地上の建物が存続するために必要な従たる権利であり（民法87条）、建物に設定された抵当権の効力は当然に借地権に及ぶ（最判昭40.5.4民集19巻4号811頁）ことから、地主の承諾を要しない。

2）適切である。土地に抵当権の設定登記がなされた後に、当該土地に借地権が設定され、借地人が建物を建てた場合には、借地権は土地の抵当権に対抗することができず、土地についての抵当権者はその抵当権の設定された土地とともに、その建物を競売（一括競売）することができる（民法389条1項本文）。ただし、土地に対する抵当権者の優先権は、借地権の負担のない土地の代価についてしか行使することができず、建物の代価には及ばない（同項ただし書）。

3）不適切である。借地上の建物が競売された場合には、その買受人は、借地権が賃借権であれば借地権の取得について地主の承諾またはそれに代わる裁判所の許可（借地借家法20条1項）を必要とするが（民法612条1項）、借地権が物権である地上権であればその必要はない。

4）適切である。借地権とは、建物の所有を目的とする地上権または土地の賃借権をいい（借地借家法2条1号）、その登記があれば第三者に対抗できることはもちろんであるが、借地権者が自己の名義で登記されている地上建物を所有していれば、借地権の登記がなくても第三者に対抗することができる（同法10条1項）。

正解 3）

## 2－6　抵当権と賃借権（1）

《問》抵当権と賃借権に関する次の記述のうち、最も不適切なものはどれか。
1）建物に対する抵当権設定登記後に、その建物が3年の期間で賃貸され、賃借人に引き渡されている場合、賃借人は、その賃貸期間内であっても、賃借権を抵当権者に対抗することはできない。
2）建物に対する抵当権設定登記前に、その建物が5年の期間で賃貸され、賃借人に引き渡されている場合、賃借人は、その賃借権を抵当権者に対抗することができる。
3）建物に対する抵当権設定登記後に、その建物が賃貸され、賃借人が使用している場合、その抵当権が実行（競売）され競落されると、賃借人は、その競売における買受人の買い受けの時から6カ月を限度として明渡しの猶予を受けることができる。
4）土地に対する抵当権設定登記後に、その土地が賃貸され、賃借人がその土地上に建物を建てた場合、抵当権者は、土地および建物の両方について一括して抵当権を実行（競売）することができない。

### ・解説と解答・

1）適切である。抵当権設定登記がなされた建物が、その登記後に賃貸された場合、賃借人は、賃貸期間および引渡しの有無にかかわらず、賃借権を抵当権者に対抗することはできない。抵当権に対抗できない賃借人は、競売手続の開始前から使用または収益を開始していれば、競売における買受人の買い受けの時から6カ月を限度として明渡しの猶予を受けることができるにとどまる（民法395条）。
2）適切である。抵当権設定登記がなされた建物が、その登記前に賃貸されていた場合、賃借人は、賃借権の登記がなくても、建物の引渡しがあれば、賃借権を抵当権者に対抗することができる（借地借家法31条）。
3）適切である。上記1）の解説参照。
4）不適切である。抵当権設定登記がなされた土地が、その登記後に賃貸され、賃借人が土地上に建物を建てた場合、抵当権者は、土地および建物の両方について一括して競売することができる。これを一括競売という。ただし、抵当権者は建物の代価から優先弁済を受けることはできず、優先弁済は土地の代価についてのみ許される（民法389条）。　<u>正解　4）</u>

## 2－7 抵当権と賃借権（2）

《問》Bの所有する建物には、賃借人Cが居住し、Bを債務者としてAの
ために抵当権が設定されている。この場合の法律関係に関する次の
記述のうち、最も適切なものはどれか。

1）Cが賃貸借契約に基づき建物の引渡しを受けた後に、Aのための抵
当権が設定され登記がなされた場合、Cが賃借権の登記をしていな
ければ、Cの賃借権は、Aの抵当権に対抗できない。
2）A・B間で「Bが抵当建物を譲渡・賃貸する場合にはAの事前の承
諾を要する」という特約を含む抵当権設定契約が締結され、抵当権
設定登記がなされた後に、Aの承諾なく賃貸借契約が締結されCが
賃借人となった場合、B・C間の賃貸借契約は無効であるから、C
はBに対し賃料を支払う必要がない。
3）Aのために抵当権設定登記がなされた後にCが賃借人となった場
合、Aは被担保債権を回収するにあたり、抵当建物を競売にかける
方法と、BのCに対する賃料債権を差し押さえる方法のいずれか
を、自由に選択できる。
4）Aのために抵当権設定登記がなされた後にCが賃借人となり、その
後Aが抵当権を実行した場合、Cの賃借権はAに対抗できないか
ら、Cは抵当権実行後、買受人が買い受けるまでに抵当建物を明け
渡さなければならない。

### ・解説と解答・

1）不適切である。抵当権設定登記がなされる前に建物が賃貸されていた場
合、建物の引渡しは賃借権の対抗要件となる（借地借家法31条）。
2）不適切である。BはAに対して特約に違反したことに対する債務不履行責
任等を負うが、B・C間の賃貸借契約は有効に成立している。
3）適切である。Aは、建物の競売を申し立ててもよいし、物上代位により賃
料債権を差し押さえてもよい（民法372条、304条）。また、それ以外に担
保不動産収益執行の方法により、賃料からの回収を図ることもできる（民
事執行法180条2号）。
4）不適切である。Cの賃借権は抵当権設定登記に後れるためにAに対抗でき
ないが、買受人の買受けの時から6カ月を経過するまでは、引渡しが猶予
される（民法395条1項1号）。　　　　　　　　　　　　　　　正解　3）

## 2－8　抵当権の効力

《問》抵当権の効力に関する次の記述のうち、最も適切なものはどれか。

1）抵当権者は、抵当不動産の賃借人に通知をすることによって、賃料の支払先を抵当権者に変更し、賃料債権から被担保債権の優先的な回収をすることができる。

2）抵当権の効力は、抵当建物の火災保険金請求権に及ばないので、抵当権者としては、火災保険金請求権の質入れをしてもらう必要がある。

3）建物の賃借権は、賃借人が当該建物の引渡しを受けたとしても、原則として、当該引渡しより前に登記されていた抵当権者には対抗することができない。

4）借地上の建物に対して設定された抵当権は、土地所有者の承諾がない限り、借地権には及ばない。

### ・解説と解答・

1）不適切である。抵当権の効力は、対象物件そのものだけでなく、その価値が変形したと見られるものについても及ぶ（物上代位）。抵当不動産の賃料はその例であるが、物上代位するには、債務者に賃料が支払われる前に差押えをしなければならず（民法372条、304条）、単なる通知では足りない。

2）不適切である。抵当不動産が火災で焼失した場合の保険金請求権にも、物上代位により抵当権の効力は及ぶ。実務上、保険金請求権に質権が設定されるのは、抵当権者の知らないうちに、保険会社から債務者に火災保険金が支払われて、債権保全上の支障が生じないようにするためである。

3）適切である。建物の賃借権は、当該建物の引渡しも対抗要件となるが（借地借家法31条）、それが当該建物につき抵当権の設定登記がされた時より後であるときは、原則として抵当権者に対抗することができない。

4）不適切である。借地上の建物に設定された抵当権の効力は、建物の従たる権利である借地権に当然に及び（民法87条、最判昭40.5.4民集19巻 4 号811頁）、土地所有者の承諾の有無を問わない。

正解　3）

## 2－9　抵当不動産の譲渡

《問》抵当不動産の譲渡等に関する次の記述のうち、最も適切なものはどれか。

1）抵当権は、被担保債権が譲渡されるとそれに伴って当然に移転する。
2）抵当不動産の譲渡による所有権移転登記には、抵当権者の承諾を必要とする。
3）抵当不動産の譲渡による所有権移転登記が行われた後に、抵当権者がその不動産を競売しようとする場合、譲受人の同意が必要である。
4）抵当権設定契約に、「抵当権者の承諾なしに抵当不動産の譲渡をしない」旨の約定がある場合、抵当権設定者が当該抵当不動産を第三者に譲渡しても、抵当権者が承諾しなければ、その譲渡の効力は生じない。

### ・解説と解答・

1）適切である。抵当権には随伴性があるため、被担保債権が譲渡されると、それに伴い抵当権も当然に移転する。
2）不適切である。抵当不動産の譲渡による所有権移転登記には、抵当権設定登記があっても、抵当権者の承諾は不要である。所有権は抵当権付きのまま移転する。
3）不適切である。抵当不動産が第三者に譲渡された場合でも、抵当権者が競売するにあたっては、譲受人の同意を必要としない。
4）不適切である。抵当権設定契約における無断譲渡禁止の特約は、債権的効力しかなく約定に違反する譲渡であっても、抵当権設定者の債務不履行にはなるが、譲渡それ自体は有効である。

正解　1）

## 2−10 根抵当権

> 《問》根抵当権に関する次の記述のうち、最も適切なものはどれか。
> 1）根抵当権の設定に際しては極度額を定める必要があるが、その定め方は自由であり、元本部分のみの極度額を定めることもできる。
> 2）銀行が、被担保債権の範囲を「銀行取引によるいっさいの債権」と定めた根抵当権を有する場合、債務者振出の約束手形を当該銀行が第三者から割引により取得したことによって債務者に対して有することとなった手形債権も、その根抵当権により担保される。
> 3）根抵当権の元本確定前に被担保債権を第三者に譲渡しても、根抵当権は当然にはその第三者に移転しない。
> 4）元本の確定前においては、根抵当権の担保すべき債権の範囲を変更することができるが、債務者を変更することはできない。

### ・解説と解答・

1）不適切である。根抵当権者は、確定した元本とその利息および損害金について、極度額を限度として根抵当権を行使することができるため（民法398条の3第1項）、極度額は元本および利息・損害金を含めて定める必要がある。

2）不適切である。根抵当権の被担保債権の範囲を「銀行取引によるいっさいの債権」と定めた場合、担保されるのは銀行と債務者との銀行取引によって直接に生じた債権に限られ、銀行が第三者から割引により取得した債務者振出の手形（いわゆる回り手形）についての債権は、銀行と債務者との直接の取引により生じたものではないため担保されない。このような債権も担保するには、被担保債権の範囲を「銀行取引によるいっさいの債権、銀行が第三者から取得する手形上・小切手上の債権」とする必要がある。

3）適切である。根抵当権は一定の範囲に属する不特定の債権を極度額の範囲内で担保するため（民法398条の2）、元本が確定するまでは、被担保債権を第三者に譲渡しても根抵当権はそれに伴って当然には移転しない。

4）不適切である。元本の確定前においては、根抵当権の被担保債権の範囲だけでなく、債務者の変更も可能である（民法398条の4第1項）。なお、元本確定後は被担保債権の範囲および債務者の変更はできなくなる。

正解 3）

## 2−11　根抵当権の元本の確定

《問》根抵当権の元本の確定に関する次の記述のうち、最も不適切なもの
はどれか。
1）根抵当権者が担保不動産競売または担保不動産収益執行の申立てを
する場合には、その申立て前に元本が確定している必要がある。
2）根抵当権設定者が破産手続開始の決定を受けたことによって根抵当
権の担保すべき元本が確定した場合でも、後に破産手続開始の決定
の効力が消滅したときは、原則として元本確定の効力は生じなかっ
たことになる。
3）根抵当権設定者は、確定期日の定めがない場合、設定日から3年を
経過すれば、担保すべき元本の確定を請求することができる。
4）根抵当権者は、確定期日の定めがない場合、いつでも担保すべき元
本の確定を請求することができる。

### ●解説と解答●

1）不適切である。根抵当権は、根抵当権者が抵当不動産について、競売、担
保不動産収益執行または物上代位による差押えの申立てをしたときに確定
するので、申立て前に元本が確定している必要はない。ただし、元本が確
定するのは、競売手続もしくは担保不動産収益執行手続の開始または差押
えがあったときに限られている（民法398条の20第1項1号）。
2）適切である。根抵当権の担保すべき元本は債務者または根抵当権設定者が
破産手続開始の決定を受けたときに確定し（民法398条の20第1項4号）、
後に破産手続開始の決定の効力が消滅した場合には、確定しなかったもの
とされるが、元本が確定したものとしてその根抵当権またはこれを目的と
する権利を取得した者があるときは、この限りではないとされている（同
条2項）。
3）適切である。確定期日の定めがない場合、設定日から3年を経過し、根抵
当権設定者が確定請求をしたとき、その請求の時から2週間の経過により
元本が確定する（民法398条の19第1項）。
4）適切である。根抵当権者は確定期日の定めがなければ、いつでも元本の確
定を請求することができる（民法398条の19第2項）。

正解　1）

## 2－12　確定後の根抵当権の取扱い

《問》確定後の根抵当権に関する次の記述のうち、最も不適切なものはどれか。
1）確定後の根抵当権は、その確定時点において存在する特定の債権を被担保債権とすることとなり、被担保債権に対する附従性および随伴性が生じる。
2）確定後の根抵当権では、確定時の被担保債権の元本および利息・遅延損害金が担保され、2年分以内の利息・遅延損害金であれば極度額を超える部分についても担保される。
3）根抵当権者は、その根抵当権の順位を譲渡することができる。
4）根抵当権設定者は、その極度額について、確定時の被担保債権および以後2年間に生ずべき利息・遅延損害金の合計額に減額することを請求することができる。

### ・解説と解答・

1）適切である。確定後の根抵当権では、附従性により、被担保債権が完済されれば根抵当権は当然に消滅し、随伴性により、被担保債権が譲渡、代位弁済等により移転すれば根抵当権も譲受人、代位弁済者に移転することになる。
2）不適切である。確定後の根抵当権は、特定された元本およびそれに付随する利息・遅延損害金の合計額が極度額に達するまで担保するが、2年分以内の利息・損害金でも、極度額を超える部分は担保しない。
3）適切である。確定後の根抵当権では、根抵当権者は、根抵当権の順位を譲渡（根抵当権の処分）することができる（民法398条の15、374条1項）。
4）適切である。確定後の根抵当権では、根抵当権設定者は、その根抵当権の極度額を、現に存する債務額および以後2年間に発生すべき利息・損害金の合計額に減額請求することができる（根抵当権設定者の極度額減額請求権、民法398条の21）。

<u>正解　2）</u>

## 2−13　株式担保

《問》株式担保に関する次の記述のうち、最も不適切なものはどれか。
　1）株券不発行株式（振替株式を除く）に質権を設定する場合は、その質権者の氏名または名称および住所をその株式会社の株主名簿に記載または記録しなければ、その株式会社その他の第三者に対抗することができない。
　2）株券不発行株式（振替株式を除く）は、株券がないので譲渡担保を設定することはできない。
　3）振替株式に質権を設定する場合は、質権設定者の振替申請により、質権者が質権者の振替口座における質権欄に質入れによる株数の増加の記載または記録を受けなければ効力を生じない。
　4）振替株式に譲渡担保権を設定する場合は、譲渡担保権設定者の振替申請により、譲渡担保権者が譲渡担保権者の振替口座の保有欄に譲渡による株数の増加の記載または記録を受けなければ効力を生じない。

### ・解説と解答・

　1）適切である（会社法147条1項）。
　2）不適切である。株券不発行株式の譲渡担保の場合は、その株式を譲渡により譲渡担保として取得した者の氏名または名称および住所をその株式会社の株主名簿に記載または記録すれば、その株式会社その他の第三者に対抗することができる（会社法130条1項）。
　3）適切である（振替法141条）。振替口座に記載または記録することで第三者に対する対抗要件も具備する。
　4）適切である（振替法140条）。振替口座に記載または記録することで第三者に対する対抗要件も具備する。

正解　2）

## 2－14　債権担保（1）

《問》債権担保に関する次の記述のうち、最も適切なものはどれか。
1）指図証券を目的とする質権設定は、証券の交付なしに当事者の合意だけで有効に成立する。
2）債権を譲渡担保にとり、動産・債権譲渡特例法に基づく債権譲渡登記をすれば、目的債権の債務者（第三債務者）およびその他の第三者に対抗することができる。
3）債権を代理受領の方法で担保とした場合、債務者に確定日付のある通知をすることにより、第三者に対抗することができる。
4）債権を債権譲渡の方法によって担保取得する場合、第三債務者（債権の債務者）への通知または第三債務者による承諾が確定日付のある証書によって行われなければ、第三債務者以外の第三者に対抗することはできない。

### ・解説と解答・

1）不適切である。指図証券とは、証券上に指定された者、またはその者が証券上において指定した者を権利者とする有価証券であり、その質権の設定には裏書が必要である（民法520条の7、520条の2）。
2）不適切である。債権を譲渡担保にとった場合、これを目的債権の債務者（第三債務者）に対抗するためには、譲渡人が債務者に通知をし、または債務者が承諾することが必要であり、通常は確定日付のある証書をもって行うことで、第三者対抗要件も具備する（民法467条）。
　　動産・債権譲渡特例法による債権譲渡登記を行った場合には、目的債権の債務者以外の第三者との関係では確定日付のある証書による通知があったものとみなされ、対抗要件を備えるが（動産・債権譲渡特例法4条1項）、債務者との関係では、譲渡人または譲受人が債務者に対して登記事項証明書を交付して通知するか、債務者の承諾を得る必要がある（同条2項）。
3）不適切である。代理受領は事実上の担保とされ、法的には委任契約にすぎないことから、質権や譲渡担保権と異なって第三者対抗要件を備えることができない。したがって、たとえ確定日付のある承諾をとっていても第三者に対抗できない（例えば差押えがあればこれに対抗できない）。

4）適切である。債権を債権譲渡の方法によって担保取得することを譲渡担保というが、これを第三債務者（債権の債務者）以外の第三者に対抗するためには、第三債務者への通知または第三債務者による承諾が、確定日付ある証書によって行われる必要がある（民法467条2項）。

正解　4）

## 2－15　債権担保（2）

《問》債権担保に関する次の記述のうち、最も適切なものはどれか。
1) 債務者が、第三債務者に対して確定日付のある証書をもって債権譲渡担保設定の通知を行った場合でも、第三債務者は債務者に対して有していた反対債権による相殺の抗弁をもって、債権者に対抗することができる。
2) 債務者が、複数の債権者に同一の債権について債権譲渡担保を設定して、それぞれ確定日付のある証書による通知を第三債務者にしていた場合、その複数の債権者間の優劣は、当該証書の確定日付の先後で決められる。
3) 債権を債権譲渡の方法によって担保取得する場合、その時点においてまだ発生していない将来の債権は担保取得することができない。
4) 第三者対抗要件となる確定日付のある証書とは、公正証書または公証人役場において確定日付を捺印された私署証書のことをいい、内容証明郵便は含まれない。

### ・解説と解答・

1) 適切である。債務者が第三債務者に通知をした場合には、第三債務者は、通知を受けるまでに債務者に対して有していた抗弁をもって、債権者に対抗することができる（民法468条1項）。
2) 不適切である。二重譲渡の場合の譲受人相互の優劣は、確定日付のある証書による通知が第三債務者に到着した日時、または確定日付のある証書による第三債務者の承諾の日時の先後により決せられる（最判昭49.3.7金法718号30頁）。
3) 不適切である。将来発生する債権であっても担保取得することができる（民法466条の6）。
4) 不適切である。内容証明郵便も確定日付のある証書に含まれる（民法施行法5条1項6号）。

<u>正解　1)</u>

## 2−16 預金担保

《問》自行預金担保に関する次の記述のうち、最も適切なものはどれか。
1) 銀行は、自行預金債権を担保とした場合、当該自行預金者への融資金と当該預金債権とを相殺することはできない。
2) 自行預金担保を設定した定期預金について同額書替をした場合、質権の効力は書替後の定期預金にも及ぶ。
3) 自行預金担保に、滞納処分による差押えがあった場合、相殺では対抗することができない。
4) 預金証書の交付は、自行預金担保における質権設定契約の効力要件である。

### ・解説と解答・

1) 不適切である。銀行は、質権実行によらずに相殺によって回収することができる。
2) 適切である。新旧の定期預金が同一性を維持している限り、書替前の預金に対する質権の効力は、書替後の預金にも及ぶ（最判昭40.10.7金法426号24頁）。
3) 不適切である。自行預金担保の場合は、法定納期限等に関係なく相殺により対抗することができる。なお、一般的な担保の場合、滞納処分による差押えに質権をもって対抗するには、質権が差押えの時点ではなく法定納期限等以前に設定されていたことを、担保差入書の確定日付で立証しなければならない（国税徴収法15条）。
4) 不適切である。債権に対する質権設定は、その譲渡に証書の交付を要する証券（指図証券、記名式所持人払証券、無記名証券）を除き（民法520条の7、520条の2、520条の13、520条の20）、証書の交付を要しない。しかし、預金の払戻しに応じてしまうなどのトラブルを回避するため、実務上は、質権設定の際に預金証書の交付を受けるべきであり、また質権の効力が存続するかぎりは預金証書を継続して占有し、預金者に返還すべきではない。

正解 2)

## 2－17　代理受領

> 《問》代理受領に関する次の記述のうち、最も不適切なものはどれか。
> 1）代理受領は、債権譲渡や質権設定と異なり、第三者対抗要件を備えることはできない。
> 2）代理受領の場合、金融機関は取引先の代理人の立場で取立権を持つにすぎず、自らが債権者の立場で債権を取り立てることはできない。
> 3）代理受領は、法律的には債権譲渡契約である。
> 4）代理受領は、金融機関が取引先の建築請負代金や売掛金などを事実上の担保にとる方法として利用されているが、正式担保とはならない。

### ・解説と解答・

1）適切である。代理受領は、債権者に対して債務者の有する債権の取立・受領を委任するという、事実上の担保であり、正式担保ではない。そのため、債権譲渡や質権設定といった正式担保と異なり、契約証書に確定日付をとったり、第三債務者に対して代理受領を委任した旨の通知等を行ったりしても、第三者対抗要件を備えることはできない。

2）適切である。債権譲渡の場合には、金融機関は目的債権の債権者本人の立場で取立権を持つが、代理受領の場合には、金融機関は取引先の代理人の立場で取立権を持つにすぎない。

3）不適切である。代理受領契約は、金融機関が、融資金を担保する目的で、取引先が第三債務者に対して有する債権について、その取立を行い、その支払を受領する権限を取引先から取得する契約であり、法律的には委任契約である。

4）適切である。代理受領は、債権譲渡や質権といった正式担保と異なり、単なる委任契約であるので、正式担保の代用手段として利用される。

<u>正解　3）</u>

## 2 - 18 保証契約

《問》保証契約（連帯保証契約ではないものとする）に関する次の記述の
うち、最も不適切なものはどれか。
1 ）保証契約は、書面または電磁的記録でしなければ効力を生じない。
2 ）保証人に対して裁判上の請求をした場合でも、主たる債務者に対す
る時効の完成猶予および更新はされない。
3 ）保証人は、主たる債務者の意思に反しても保証契約を締結すること
ができる。
4 ）債権者と主たる債務者との間で融資の利率を軽減する合意がなされ
た場合でも、保証人との間では、利率は軽減されない。

### ●解説と解答●

1 ）適切である。保証契約は要式契約であり、書面でしなければ、効力は生じ
ない（民法446条2項）。なお、保証契約がその内容を記録した電磁的記録
によってされたときは、その保証契約は、書面によってされたものとみな
される（同条3項）。
2 ）適切である。時効の完成猶予または更新の事由が効力を有するのは、当該
事由が生じた当事者およびその承継人の間においてのみである（民法153
条）。主たる債務者に対する履行の請求その他の事由による時効の完成猶
予および更新は、保証人に対してもその効力を生ずる（同法457条1項）
との特則があるが、保証人についての時効の完成猶予または更新が主たる
債務者に対する時効の完成猶予または更新をさせることについての特則は
なく、保証人について生じた事由は原則として主たる債務の時効に影響を
与えない。その結果、保証債務の時効について完成猶予や更新がされてい
ても、主たる債務が時効によって消滅し、保証債務の附従性により、保証
債務が消滅するということが生じうる。
3 ）適切である。保証契約は債権者と保証人との間の契約であるため、主たる
債務者の意思に関わりなく契約を締結することは可能である。なお、主た
る債務者の意思に反した場合には、保証人の主たる債務者に対する求償権
の範囲が制限されることになる（民法462条2項）。
4 ）不適切である。保証債務の附従性により、保証債務の態様が主債務より重
いときは、主たる債務の限度に減縮される（民法448条1項）。

正解　4 ）

## 2－19　物上保証

《問》物上保証に関する次の記述のうち、最も適切なものはどれか。
1）物上保証人には、保証人に認められている債権者に対する催告の抗弁権および検索の抗弁権は認められていない。
2）債権者は、物上保証人に対して、債務の弁済を請求することができる。
3）債権者は、物上保証人の一般財産に対して強制執行することができる。
4）物上保証人は、債権者からの担保権の実行によって担保に供した物を失っても、債務者に対して求償することができない。

### ・解説と解答・

1）適切である。物上保証人とは、他人の債務を保証するために、不動産など自身の財産上に担保を設定した者をいう。当該債務の不履行が発生した場合、物上保証人は提供した担保の範囲で責任を負うこととなり、物上保証人には、催告の抗弁権（民法452条）や検索の抗弁権（同法453条）は認められていない。

2）不適切である。物上保証人は、保証人や連帯債務者と異なり、債務を負っているわけではないので、債権者は物上保証人に対して債務の弁済を請求することはできない。

3）不適切である。物上保証人は、提供した担保の範囲で責任を負うものであり、一般財産が引当てになることはないので、物上保証人の一般財産に対する強制執行はできない。

4）不適切である。物上保証人は、担保権が実行されることによって担保に供した物を失ったときには、債務者に対する事後求償権が認められている（民法351条、372条）。

<u>正解　1）</u>

## 2－20 単純保証

《問》単純保証（連帯保証ではない）に関する次の記述のうち、最も不適
切なものはどれか。
1）保証人が複数存在する単純保証において特段の特約がなければ、主
たる債務が不履行になった場合、各保証人はその人数に応じて平等
に分割した額の範囲についてのみ債務を負担する。
2）保証人は、債権者が保証債務の履行請求を行ってきた場合、「催告
の抗弁権」および「検索の抗弁権」により、まず主たる債務者に催
告し、主たる債務者の財産を執行するよう主張することができる。
3）保証人が死亡した場合は、保証債務は消滅する。
4）単純保証人には原則として分別の利益はあるが、連帯保証人にはな
い。

・解説と解答・

1）適切である。保証人が数人いる場合、単純保証の保証人であって、債権者
との間で全額弁済の特約がなければ、その保証人の人数によって均等に応
分した額の保証債務を負担することになる。これを分別の利益という（民
法456条、427条）。
2）適切である。「催告の抗弁権」とは、保証人は、債権者に対して、まず主
たる債務者に対し催告するよう主張し、それまで保証債務を拒むことがで
きることをいう（民法452条）。「検索の抗弁権」とは、催告の抗弁権を主
張した後であっても、保証人が主たる債務者に弁済する資力があり、かつ
執行が容易であることを、保証人が証明できた場合、債権者に対し、まず
主たる債務者の財産について執行するよう主張できることをいう（同法
453条）。
3）不適切である。保証人が死亡した場合は、保証債務は消滅せず、相続人が
保証債務を承継する。相続人が複数いる場合には、各相続人は法定相続分
に応じて分割された額の範囲で保証債務を相続することとなる。
4）適切である。単純保証では特約のない限り、分別の利益により、各保証人
は平等の割合で保証債務を負担するが（民法456条、427条）、連帯保証人
には、分別の利益はなく、各自全額について保証債務を負担する。

<u>正解　3）</u>

## 2 −21　連帯保証

《問》連帯保証人の弁済に関する次の記述のうち、最も適切なものはどれ
　　か。
　1 ）連帯保証人は、主たる債務者の意思に反して弁済をすることができ
　　　ない。
　2 ）連帯保証人による一部弁済は、主たる債務者に対しても時効更新の
　　　効力を生じる。
　3 ）連帯保証人は、弁済によって主たる債務者に対して求償権を取得す
　　　るだけでなく、他の保証人や物上保証人に対してもその負担部分に
　　　ついて求償権を取得する。
　4 ）連帯保証人が、弁済によって債権者に代位する場合には、債権者の
　　　承諾を必要とする。

・解説と解答・

1 ）不適切である。連帯保証人は、弁済について法的な利害関係を有するの
　　で、主たる債務者の意思に反しても有効に弁済をすることができる（民法
　　474条 1 項・ 2 項）。
2 ）不適切である。連帯保証人の債務の一部弁済は、その保証債務について
　　権利の承認ではあるものの、主たる債務者については時効更新の効力を生
　　じない（民法441条、458条）。
3 ）適切である。連帯保証人は、弁済によって主たる債務者に対して求償権を
　　取得する（民法459条、462条）だけでなく、他の保証人や物上保証人に対
　　してもその負担部分について求償権を取得する（同法465条 1 項、442条 1
　　項）。
4 ）不適切である。債権法改正前は、保証人のように弁済をするについて正当
　　の利益を有する法定代位権者が弁済をした場合には、債権者の同意を要す
　　ることなく当然に代位し、それ以外の者が弁済した場合には、債権者の承
　　諾を得て代位することとなっていたが、改正により、法定代位権者である
　　か否かにかかわらず、弁済によって当然に債権者に代位し（民法499条）、
　　ただ、法定代位権者以外の者（任意代位権者）は、その代位を債務者や第
　　三者に対抗するためには、債権譲渡の対抗要件を備える必要があることと
　　なった（同法500条）。　　　　　　　　　　　　　　　　　正解　3 ）

## 2－22　保証人と連帯保証人

《問》保証人および連帯保証人に関する次の記述のうち、最も不適切なものはどれか。
1）債権者から保証債務の履行を求められた場合、保証人はまず主たる債務者に対して催告をするよう主張できるが、連帯保証人は同様の主張ができない。
2）主たる債務者の債務の期限が延長された場合、保証人の債務の期限も延長されるが、連帯保証人の債務の期限は延長されない。
3）主たる債務者の商行為によって生じた債務を保証する場合には、連帯保証の特約がなくても、その保証は連帯保証になる。
4）債権者が連帯保証人に対して保証債務の履行を請求した場合であっても、債権者および主たる債務者が別段の意思を表示しない限り、原則として、主たる債務の消滅時効は更新されない。

### ・解説と解答・

1）適切である。保証人は催告の抗弁権（民法452条）を有するが、連帯保証人はこれを有さない（同法454条）。
2）不適切である。保証債務の附従性により、保証債務の態様が主たる債務の限度に減縮されるのは、連帯保証の場合も共通である（民法448条1項）。
3）適切である。連帯保証は、債権者と保証人の特約によって、または法律の規定によって成立する。商法によると、①主たる債務者の商行為によって生じた債務を保証する場合②保証することが商行為である場合（商法511条2項）には、特約がなくても当然に保証は連帯保証になる。
4）適切である。改正前民法においては、「履行の請求」が絶対的効力事由とされており、連帯保証人に対して履行の請求をすると、主たる債務者に対する債権の消滅時効を中断させることができた。一方、改正後民法においては、「履行の請求」は相対的効力事由とされ、連帯保証人に対して履行の請求を行っても、原則として主たる債務について消滅時効の完成猶予が生じないこととなった（民法441条本文、458条）。しかし、民法458条で準用される連帯債務の規定である同法441条では、債権者および他の連帯債務者の1人が別段の意思を表示したときは、当該他の連帯債務者に対する効力は、その意思に従うことが定められている（同条ただし書）。そのた

め、連帯保証人に対して保証債務の履行を請求した場合であっても、債権者と主たる債務者間において特段の合意（すなわち、連帯保証人に対して履行の請求をした場合には、主たる債務者に対しても履行の請求をしたこととする、との合意）をしていれば、連帯保証人に対する履行の請求によって、主たる債務者に対しても履行の請求を行ったこととなり、主たる債務者に対する債権について消滅時効の完成が猶予されることとなる。

<u>正解　2）</u>

## 2 －23　個人貸金等根保証契約

《問》個人貸金等根保証契約に関する次の記述のうち、最も適切なものは
どれか。
1）個人貸金等根保証契約の元本確定期日について、保証契約締結の日
から3年を経過する日より後の日を定めた場合、その元本確定期日
の定めは効力を生じない。
2）個人貸金等根保証契約は、元本確定期日を定めていなければ、その
効力を生じない。
3）個人貸金等根保証契約は、極度額を定めていなければ、その効力を
生じない。
4）個人貸金等根保証契約は、主たる債務者が期限の利益を喪失したと
きには、元本が確定する。

### ●解説と解答●

1）不適切である。個人貸金等根保証契約の元本確定期日について、保証契約
締結の日から5年を経過する日より後の日を定めた場合、その元本確定期
日の定めは効力を生じない（民法465条の3第1項）。

2）不適切である。個人貸金等根保証契約は、元本確定期日を定めていなくて
も、元本確定期日が契約の日から3年を経過する日となるだけで、効力を
生じないわけではない（民法465条の3第2項）。

3）適切である。個人貸金等根保証契約は、極度額を定めていなければ、効力
を生じない（民法465条の2第2項）。

4）不適切である。債権者による主たる債務者や保証人の財産に対する強制執
行の申立てなどは、個人貸金等根保証契約の元本確定事由であるが（民法
465条の4）、主たる債務者が期限の利益を喪失しただけであれば、元本の
確定事由に当たらない。

<u>正解　3）</u>

## 2-24　保証債務の附従性

《問》次の記述のうち、保証債務の附従性に関する説明として、最も適切なものはどれか。

1) 債権者から保証債務の履行を求められた場合、保証人はまず主たる債務者に対して催告をするよう主張できる。
2) 主たる債務の利息が軽減された場合、保証債務の利息もその限度に減縮される。
3) 保証人が数人いる場合には、各保証人は等しい割合で保証債務を負担する。
4) 主たる債務者が保証人を立てる義務を負っている場合、行為能力を有し、かつ、弁済をする資力を有する保証人を立てることができなければ、代わりに他の担保を供することができる。

### ・解説と解答・

　附従性（付従性）とは、被担保債権や主たる債務が成立しなければ担保物権や保証債務が成立しないように、担保物権や保証債務についての成立・存続・態様・消滅等が、被担保債権や主たる債務の存否等に依存しているという性質を指す。ただし、その附従性をどの程度厳格に認めるかは、担保物権の種類や保証債務の内容によって異なっている。

1) 不適切である。保証人の催告の抗弁権（民法452条）の説明であり、保証債務の補充性に関するものである。
2) 適切である。保証債務の目的・態様が主債務の限度に減縮されるのは、保証債務の附従性の現れである（民法448条）。
3) 不適切である。保証人の分別の利益に関する説明である（民法456条、427条）。
4) 不適切である。主たる債務者が保証人を立てる義務を負っている場合には、行為能力を有し、かつ、弁済をする資力を有する保証人を立てなければならず（民法450条1項）、本肢は、そのような保証人を立てることができない場合の、他の担保の供与に関する説明である（同法451条）。

<u>正解　2）</u>

## 2－25 経営者保証ガイドライン

《問》「経営者保証に関するガイドライン」（以下、「経営者保証ガイドライン」という）に関する次の記述のうち、最も適切なものはどれか。

1）経営者保証ガイドラインの適用要件の１つに、資産の所有や金銭のやり取りに関して、法人と経営者が明確に区分・分離されていることが挙げられる。

2）金融機関は、融資を希望する企業が経営者保証ガイドラインの適用要件を１つでも満たしていない場合、経営者保証を求めないことや、保証機能の代替手法の活用を検討する必要はない。

3）監督指針においては、金融機関が、やむをえず経営者保証を徴求する場合、経営者保証ガイドラインに基づき、「どの部分が十分でないために経営者保証が必要となるのか」「どのような改善を図れば保証契約の変更・解除の可能性が高まるのか」について、個別具体的な内容を保証人となる経営者等に説明し、必要に応じて、その説明をした旨を保証人に確認するよう求めている。

4）経営者保証改革プログラムにおいては、金融庁は、金融機関において、全融資件数に対する、「経営者保証を徴求せずに行った融資件数」が100％となるよう目指すとしている。

### ・解説と解答・

1）適切である。このほかの適用要件として、財務基盤が強化されており、法人のみの資産や収益力で返済が可能であること、金融機関に対し適時適切に財務情報が開示されていることがある（「経営者保証に関するガイドライン」第４項(1)）。

2）不適切である。金融機関は、融資を希望する企業が経営者保証ガイドラインの適用要件をすべて充足していなくとも、形式的に判断するのではなく、総合的に判断して、経営者保証を求めないことや、保証機能の代替手法の活用を検討することが求められている（「経営者保証に関するガイドライン」第４項(2)、「『経営者保証に関するガイドライン』Q＆A」Q４－10）。

3）不適切である。監督指針においては、金融機関が、やむをえず経営者保証

を徴求する場合、経営者保証ガイドラインに基づき、「どの部分が十分でないために経営者保証が必要となるのか」「どのような改善を図れば保証契約の変更・解除の可能性が高まるのか」について、個別具体的な内容を保証人となる経営者等に説明し、その説明をした旨を、必ず保証人に確認し、その結果を書面または電子的方法で記録するよう求めている（金融庁「中小・地域金融機関向けの総合的な監督指針」Ⅱ－3－2－1－2⑵①ニ）。

4）不適切である。経営者保証改革プログラムにおいては、金融庁は、金融機関において、全融資件数に対する、「経営者保証を徴求せずに行った融資件数」＋「経営者保証を徴求したものの、適切な説明を行い、その説明の結果を記録した件数」が100％となるよう目指すとしている。なお、経営者保証改革プログラムとは、経営者保証に依存しない融資慣行の確立を目指し、経済産業省・金融庁・財務省の連名で2022年12月に公表されたプログラムである。

正解　1）

## 2－26　信用保証制度（1）

《問》信用保証協会の保証に関する次の記述のうち、最も不適切なものは
どれか。
1）信用保証協会と金融機関との間で導入された責任共有制度には、部
　　分保証方式と負担金方式とがある。
2）特定の貸付債務についての保証の場合、分割貸付を前提とした金銭
　　消費貸借契約についての保証の場合以外、貸付の分割実行は、保証
　　免責事由となる。
3）金融機関は、同一支店において信用保証協会の保証付貸付金とプロ
　　パー貸付金とを併有している場合には、自行預金との相殺による債
　　権回収において、原則としてプロパー貸付金を優先して相殺するこ
　　とができる。
4）信用保証協会は、代位弁済をしても、保証条件外の担保・保証に代
　　位することができない。

### ・解説と解答・

1）適切である。協会の保証は従来100％保証が原則であったが、2007年10月
より責任共有制度が導入され、政策的に100％保証のものも残されている
が、原則として80％保証になり、金融機関も20％の信用リスクを負担する
こととなった。そして、その具体的な方法として、貸付金の80％を信用保
証協会が保証する部分保証方式と、個々の貸付金については信用保証協会
がその全額を保証するものの、当該金融機関の一定期間中における代位弁
済状況に応じて定められた、当該貸付金についての代位弁済額のおおむね
20％の負担金を、金融機関が事後的に支払う負担金方式とがあり、そのい
ずれかを各金融機関が選択することとなっている（全国信用保証協会連合
会ホームページ）。
2）適切である。信用保証協会の保証の内容は、約定書ならびに個別の信用保
証書によって定められており、金融機関はその内容に従って貸付を行わな
ければならない。それらの約定に反した貸付を行った場合には、保証契約
違反として免責事由に該当する（信用保証協会保証契約約定書例11条2
号）。特定の債務についての保証において、分割貸付を前提とした債務に
ついて保証することとなっていない場合、保証付貸付金を分割して実行す

れば、約定違反として免責事由となる。

3）適切である。金融機関は、保証付貸付金をプロパー貸付金と同じ方法を
もって取立てをする義務を負っているが（信用保証協会保証契約約定書例
9条3項）、保証条件となっていない預金との相殺については、同一支店
における保証付貸付金とプロパー貸付金とでは、原則としてプロパー貸付
金を優先することが認められている（信用保証協会信用保証　約定書例の
解説と解釈指針）。

4）不適切である。信用保証協会の保証条件とはなっていなくても、金融機関
が有する根担保・根保証は保証付貸付金を担保・保証する。したがって、
協会は代位弁済をすれば、その担保・保証に代位することができる（民法
499条、501条）。なお、根抵当権に代位するには、代位弁済前に元本を確
定させておく必要がある（同法398条の7第1項）。

正解　4）

## 2 −27　信用保証制度（2）

《問》信用保証協会の保証に関する次の記述のうち、最も適切なものはどれか。

1）信用保証協会保証付貸付の実行は、原則として、信用保証書発行日の翌日から30日以内に行う必要がある。

2）信用保証協会の保証付貸付金が実行される前に、その保証付貸付金を返済に充てることを取引先と合意してつなぎ貸付を行った場合には、信用保証協会の承諾なく、保証付貸付金をそのつなぎ貸付金の返済に充てることができる。

3）極度根保証においては、貸付金が一時的に極度額を超過していても、代位弁済請求時までに極度内に納まっていれば、代位弁済を受けることができる。

4）代位弁済の対象となる債権は元本債権に限定されており、未収利息や延滞利息は代位弁済の対象にはならない。

### ・解説と解答・

1）適切である。金融機関が信用保証協会と取り交わす約定書は、「信用保証協会が保証を承諾した貸付は、信用保証書発行日の翌日から30日以内に行うものとし、協会が特別の事情があると認め、承諾書を交付したときは、60日まで延長することができる」（信用保証協会保証契約約定書例2条2項）としている。

2）不適切である。信用保証協会では、協会の承諾なしに、保証付貸付金を金融機関の既存の貸付金の返済に充当することを禁止しており（信用保証協会保証契約約定書例3条）、保証付貸付金をそれに先行するつなぎ融資への返済に充当することは、既存貸付金への返済として免責事由に当たる（同約定書例11条1号）。

3）不適切である。信用保証協会の極度根保証では、保証期間中に貸付金が一時的にでも極度額を超過すれば、保証金額と貸付金額との相違となり、保証条件違反として免責事由に当たるとしている（信用保証協会保証契約約定書例11条2号）。

4）不適切である。保証債務の範囲は、元本に利息および最終履行期限後一定期間（約定書例では120日であるが、90日や60日とする協会もある）以内

の延滞利息（損害金料率ではなく、約定利率で計算する）を加えた額を限度とするとしており（信用保証協会保証契約約定書例6条2項・3項)、未収利息や延滞利息も代位弁済の対象となる。

<u>正解　1)</u>

# 第3章

# 融資金の管理・回収

## 3－1　債務引受

> 《問》債務引受に関する次の記述のうち、最も適切なものはどれか。
> 1）免責的債務引受とは、債務者が負担する債務と同一内容の債務を第三者が負担し、債務者が債務を免れるものであり、債権者あるいは債務者と引受人の契約によって行われる。
> 2）免責的債務引受においては、債権者が引受人に対して意思表示をせずとも、債務者の債務に対し設定されている担保権や保証は、引受人が負担する債務に移転する。
> 3）併存的債務引受においては、債務者と引受人は、連帯債務を負う関係とはならない。
> 4）併存的債務引受を行う際には、保証人や担保提供者の同意が必要である。

### ・解説と解答・

1）適切である。免責的債務引受とは、引受人が債務者の負担する債務と同一内容の債務を負担し、債務者は自己の債務を免れる債務引受である（民法472条1項）。免責的債務引受は、債権者と引受人となる者が契約をし、債権者が債務者に対してその旨を通知したとき（同条2項）、または、債務者と引受人となる者が契約をし、債権者が引受人となる者に対して承諾をしたとき（同条3項）にその効力が生じる。

2）不適切である。免責的債務引受により債務者が免れる債務の担保として設定された担保権や債務の保証を、債権者は引受人が負担する債務に移すことができる（民法472条の4第1項本文）。ただし、引受人以外の者が設定した担保権や保証人については、その承諾を得なければならない（同項ただし書・3項）。なお、保証人の承諾は書面または電磁的記録でしなければ効力を生じない（同条4項・5項）。また、担保権や保証の移転は、あらかじめまたは同時に引受人に対してする意思表示によってしなければならない（同条2項・3項）。

3）不適切である。併存的債務引受とは、引受人が、債務者と連帯して、債務者が債権者に対して負担する債務と同一の内容の債務を負担する契約をいう（民法470条1項）。したがって、債務者と引受人は連帯債務を負う関係となる。

4）不適切である。併存的債務引受を行う際には、原債務者の債務は残存しているので、保証人や担保提供者の同意は不要である。

正解　1）

## 3-2 債権管理

> 《問》債権管理に関する次の記述のうち、最も適切なものはどれか。
> 1) 会社が商号変更した場合は、その変更前後で法人としての同一性が維持されないので、債務引受その他の手続が必要である。
> 2) 個人が法人成りをした場合は、個人経営であった事業を法人組織に変更するので、従来の個人財産や旧貸付金について新会社に名義変更すればよく、債務引受その他の手続は不要である。
> 3) 株式会社の代表取締役死亡により代表者不在となった場合は、債権者である金融機関は、一時的に代表取締役を選任することを裁判所に対して申立てることができる。
> 4) 金融機関が債務者の担保差替えを行う場合は、原則として、他の保証人や担保提供者の同意は不要である。

### ・解説と解答・

1) 不適切である。会社が商号変更しても法人としての同一性は維持されるので、債務引受その他の手続は必要ない。変更を確認するため、商業登記事項証明書および商号変更届を提出してもらえばよい。

2) 不適切である。法人成りとは事業を個人経営から法人組織に変更することである。事業に供されていた個人の財産は会社の財産となり、個人の債務であったものが会社の債務となる。したがって、旧貸付金については債務引受、預金については債権譲渡、また、根抵当権については債務者変更（民法398条の4）等の手続が必要である。

3) 適切である。代表取締役が死亡し、代表者が不在になった場合、金融機関は利害関係人であることから、裁判所に対して一時的に代表取締役の職務を行うべき者を選任することを申し立てることができる（会社法346条2項、351条2項）。

4) 不適切である。原則として、金融機関が担保差替えを行う場合は、新たに差し入れる担保物件の価値が貸付金以上にある、あるいは旧担保物件の価値以上にあるケースなどでなければ、他の保証人や担保提供者の同意が必要である（最判平2.4.12金法1255号6頁）。

正解　3)

## 3－3　株式会社の変動

> 《問》株式会社の変動に関する次の記述のうち、最も不適切なものはどれか。
> 1）株式会社は、総株主の同意を得て、合名会社、合資会社または合同会社に組織変更をすることができる。
> 2）株式会社の合併について債権者が異議を述べた場合でも、合併をしてもその債権者を害するおそれがないときは、株式会社は、その債務を弁済するなどの措置をとらなくても、合併をすることができる。
> 3）吸収分割によって、吸収分割承継株式会社が吸収分割株式会社の債務を承継する場合には、債務引受契約を締結する必要がある。
> 4）株式交換において、完全子会社になる会社の株主に対して交付される株式の対価は、完全親会社になる会社の株式に限られない。

### ・解説と解答・

1）適切である。株式会社から持分会社（合名会社、合資会社、合同会社）への組織変更、および持分会社から株式会社への組織変更が認められている（会社法2条26号）。株式会社が持分会社に組織変更する場合には、株主の地位（責任の態様、持分の譲渡性、業務執行権限等）について大幅な変更が生じることから、組織変更の効力発行日の前日までに総株主の同意を得ることが必要である（同法743条、744条、776条1項）。

2）適切である。複数の企業が法人格を統合することを「合併」という。株式会社の合併（吸収合併または新設合併）について債権者が異議を述べた場合には、会社は原則としてその債務を弁済するなどの措置を必要とする。しかし、合併をしても当該債権者を害するおそれがないときは、そのような措置を必要としない（吸収合併につき会社法789条5項、799条5項、新設合併につき同法810条5項）。

3）不適切である。株式会社または合同会社がその事業に関して有する権利義務の全部または一部を分割し、他の既存の会社に承継させる手法を「吸収分割」という（会社法2条29号）。吸収分割では、債権者保護の手続を必要とするが（同法789条、799条）、吸収分割承継株式会社は、吸収分割契約の定めに従って吸収分割会社の債務を当然に承継するので、個々の債務

について債務引受契約を必要としない（同法759条1項）。

4）適切である。株式会社がその発行済株式の全部を他の株式会社または合同会社に取得させることを「株式交換」という（会社法2条31号）。株式交換の対価は柔軟化され、親会社の株式に限定されず、金銭その他の財産を対価とすることも認められている（同法768条1項2号）。

正解　3）

## 3－4　吸収合併

> 《問》吸収合併に関する次の記述のうち、最も不適切なものはどれか。
> 1）吸収合併では、合併する会社のうち1社だけが存続し、他の会社は
> すべて解散して消滅するが、存続会社は、消滅する会社のいっさい
> の権利義務を包括的に承継する。
> 2）債権者が吸収合併に対し異議を述べた場合には、原則として、債務
> 者である会社はその債務を弁済するなどの手続をする必要がある。
> 3）存続会社が消滅する会社の債務を承継するには、個別に債務引受契
> 約をする必要がある。
> 4）消滅会社を債務者とする確定前の根抵当権は、消滅会社が合併時に
> 負担する債務のほか、存続会社が合併後に新たに負担する債務を担
> 保する。

### ・解説と解答・

1）適切である。吸収合併では、合併する会社のうち1社が存続することで、
他の会社は解散して消滅する。また、効力発生日に消滅会社に属するいっ
さいの権利義務は、存続会社に包括的に承継される（会社法2条27号、
750条1項）。

2）適切である。債権者が吸収合併に異議を述べたときは、債務者である会社
は、その債権者に対し「弁済する」「相当の担保を提供する」「弁済のため
に相当の財産を信託する」のうちのいずれかの手続をとる必要がある（吸
収消滅会社につき会社法789条5項本文、吸収存続会社につき同法799条5
項本文）。なお、当該吸収合併によってその債権者を害するおそれがない
ときは、その必要はない（吸収消滅会社につき同法789条5項ただし書、
吸収存続会社につき同法799条5項ただし書）。

3）不適切である。吸収合併は、合併後存続する会社が合併によって消滅する
会社に属する権利義務のいっさいを当然かつ包括的に承継し（会社法750
条1項）、個々の債務について債務引受契約を必要としない。

4）適切である。確定前の根抵当権において、その債務者を消滅会社とする吸
収合併があった場合には、根抵当権は、消滅会社が合併時に負担する債務
のほか、存続会社が合併後に新たに負担する債務を担保する（民法398条
の9第2項）。　　　　　　　　　　　　　　　　　　　　**正解　3）**

## 3－5　相続

《問》相続に関する次の記述のうち、最も適切なものはどれか。

1）被相続人の子が相続開始以前に死亡していた場合には、その死亡していた者の配偶者および子がその者に代わって相続人となる。

2）相続人が単純承認をした場合には、被相続人の債務が相続によって得た財産の額を超えていたときでも、その債務全額を弁済する責任を負う。

3）相続人が限定承認または相続の放棄をする場合には、相続開始後6カ月以内に家庭裁判所にその旨を申述する必要がある。

4）被相続人の兄弟姉妹が相続人である場合には、遺留分として被相続人の財産の4分の1に相当する額を受け取る権利を主張することが認められている。

### ・解説と解答・

1）不適切である。相続人となるはずであった被相続人の子が相続開始以前に死亡していたときは、被相続人の孫が代襲して相続人になる（民法887条2項）が、被相続人の子の配偶者が代襲相続人になることはない。

2）適切である。相続人は、単純承認をしたことによって無限に被相続人の権利義務を承継する（民法920条）ので、被相続人の債務額が相続で得た財産の額を超えていたとしても、その債務全額を弁済する責任を負う。なお、相続人が複数人いるときは、各相続人がその法定相続分に応じて被相続人の債務を弁済する責任を負う（同法899条、902条の2）。

3）不適切である。相続人が限定承認や相続の放棄をする場合には、自己のために相続の開始があったことを知った時（必ずしも相続開始時とは限らない）から3カ月以内にその手続をしなければならない（民法915条1項本文）。なお、3カ月以内に限定承認や相続の放棄の手続をしなければ、単純承認をしたことになる（同法921条2号）。ただし、利害関係人等による請求で、家庭裁判所においてその手続期間を伸長することができる（同法915条1項ただし書）。

4）不適切である。兄弟姉妹には遺留分は認められていない（民法1042条1項）。

正解　2）

## 3-6　債務の承継

> 《問》次の記述のうち、債務の承継について個別の債務引受契約を必要と
> する事例として、最も適切なものはどれか。
> 1）相続があり、複数名の共同相続人が被相続人の債務を法定相続分の
> 割合に従って分割承継する場合
> 2）事業譲渡があり、譲受人が譲渡人の債務を事業譲渡契約に従って承
> 継する場合
> 3）新設合併があり、合併後存続する会社が合併によって消滅する会社
> の債務を承継する場合
> 4）新設分割があり、分割によって設立された会社が新設分割計画の定
> めに従って分割会社の債務を承継する場合

### ・解説と解答・

1）不適切である。相続人が数人存在し、各相続人が単純承認する場合には、
被相続人の分割可能な債務は法律上当然に分割され、各共同相続人が法定
相続分の割合に従って分割承継する（民法899条）。

2）適切である。事業譲渡契約は、事業を構成する個別の財産のほか、仕入
先・販売先との取引関係や事業上の情報などを含めた組織的一体性のある
事業を1つの債権契約によって譲渡する契約である。また、合併のように
権利義務が包括的かつ当然に承継されるものではない。したがって、債務
の移転は、個別に債務引受契約を必要とする。

3）不適切である。合併は会社法上の組織再編行為であるから、債務の移転は
法律の規定によって当然に生じ（株式会社につき会社法750条1項、持分
会社につき同法752条1項）、債権者保護の手続を必要とするが、個別の債
務引受契約を必要としない。

4）不適切である。分割は会社法上の組織再編行為であるから、債務の移転は
法律の規定によって当然に生じ、個別の債務引受契約を必要としない（株
式会社につき会社法764条1項、持分会社につき同法766条1項）。

<u>正解　2）</u>

## 3－7　担保の設定と管理（1）

《問》担保の設定・管理と変動に関する次の記述のうち、最も不適切なものはどれか。

1）不動産担保提供者が死亡した場合、その担保不動産を誰が相続しても、銀行はその不動産に設定した抵当権を法的に害されることはない。
2）担保の差替えにより、他の保証人から担保保存義務違反が主張され、その保証人への全額の請求が認められないことがある。
3）競売事件の配当において、抵当権と租税公課が競合する場合、抵当権設定日と法定納期限の前後関係にかかわらず、いかなる場合でも、国税債権が優先される。
4）担保権を設定している不動産の所有権が移転した場合でも、登記された質権・抵当権・買戻権（買戻登記のあるもの）・仮登記などはそのまま目的物件に留まることとなる。

### ● 解説と解答 ●

1）適切である。不動産担保提供者が死亡した場合、その担保不動産を相続人の誰が取得するかは、遺産分割協議によって決められるが、抵当権設定者の地位は相続人に相続されるので、抵当権の効力に変動はない。したがって、どの相続人が担保不動産を取得しても、そのために銀行の抵当権が法的に害されることはない。

2）適切である。担保の差替えを行う場合に、新たに差し入れる担保物件の価値が貸付金以上にある、あるいは旧担保物件の価値以上にあるケースなどでなければ、他の保証人や担保提供者の同意を取らないままに行うと、その担保の差替えによって求償できなくなった部分について、他の保証人や担保提供者から担保保存義務違反による免責を主張される危険がある（民法504条1項）。

3）不適切である。競売事件の配当手続において、抵当権と国税、地方税その他の租税公課とが競合する場合には、抵当権の設定登記と租税公課等の法定納期限等との前後によって優先関係が決まり、抵当権設定日が租税公課等の法定納期限より前であれば、抵当権が租税公課等に優先する。なお、抵当権設定日と国税の法定納期限が同日である場合は、抵当権が優先する

（国税徴収法16条、同法基本通達第16条関係3項）。したがって、抵当権の設定、担保の差替えの場合には、租税公課の滞納がないかどうかに注意が必要である。

4）適切である。不動産担保物権の第三者に対する対抗要件は登記であり（民法177条）、その登記がなされている以上、その不動産の所有権が移転した場合でも、質権・抵当権・買戻権（買戻登記のあるもの）・仮登記などはそのまま目的物件に留まることとなる。すなわち、当該担保物件の譲受人は、これらの負担付きのものを取得したことになる。

**正解　3）**

## 3－8　担保の設定と管理（2）

> 《問》担保の設定・管理と変動に関する次の記述のうち、最も不適切なものはどれか。
> 1）無権利者が所有権移転登記を受けていた場合、その登記を信じて設定された抵当権は、原則として無効となる。
> 2）確定前の根抵当権は、根抵当権者と根抵当権設定者の合意により、債務者の変更ができ、元本の確定前にその変更を登記しなくても、その変更は有効である。
> 3）抵当権の設定されている土地を分筆した場合でも、分筆後の土地にその抵当権の効力が及び、分筆後の土地に抵当権の登記が転写され、共同担保目録が作成される。
> 4）建物に賃借権設定登記がされていない場合でも、建物の賃借人への引渡しによって、賃借人は賃借権についての対抗要件を備えることができる。

### ・解説と解答・

1）適切である。登記には公信力がないため、無権利者が所有権移転登記を受けていたとしても、その登記を信じて設定された抵当権は、原則として無効である。

2）不適切である。確定前の根抵当権は、根抵当権者と根抵当権設定者の合意により、債務者の変更や被担保債権の範囲の変更ができる（民法398条の4第1項）。この場合、後順位の抵当権者等の第三者の承諾を得る必要はない（同条2項）。ただし、元本の確定前にその変更の登記をしなければ、変更しなかったものとみなされる（同条3項）。

3）適切である。

4）適切である。建物に賃借権設定登記がされていない場合でも、賃借人は、建物の引渡しを受ければ、賃借権の対抗要件を備えることができ（借地借家法31条）、その後に所有権を取得した者や抵当権を設定した者に対しても対抗することができる。

正解　2）

## 3－9　保証の管理と変動（1）

《問》保証の管理と変動に関する次の記述のうち、最も不適切なものはどれか。

1）特定債務の保証人が死亡した場合、債権者である金融機関は、その相続人全員に対し、連帯債務を負担してもらう交渉や、その旨の契約書の作成に努めることとなる。

2）個人貸金等根保証人が死亡した場合、根保証人の死亡により元本が確定するので、その相続人は根保証人としての地位は相続しない。

3）根抵当権を設定していた物上保証人が死亡した場合、その物上保証人の相続人が相続した根抵当物件について、根抵当取引は従来どおり継続される。

4）連帯保証人が複数存在する場合、債権者に対しても、保証人等の間でも、頭数に応じて負担割合が分割される。

### ・解説と解答・

1）適切である。特定債務についての保証人が死亡した場合には、相続人が法定相続分に従って保証債務を分割相続する。このような場合、被相続人（保証人）が連帯保証人であっても、その相続人は、それぞれその分割相続した範囲でのみ主たる債務者の債務を保証することになり、各相続人間では連帯していないこととなる。そのため、相続人に無資力者がいた場合には、被相続人の負担していた債務のうち、その無資力者の法定相続分割合に該当する部分については、実質的に保証がないのと同じこととなる。そこで、債権者である銀行は、できれば相続人全員に相互に連帯債務を負担してもらう交渉をし、その旨の契約書を作成しておくこととなる。

2）適切である。根保証人の死亡は、個人根保証契約における主たる債務の元本確定事由である（民法465条の4第1項3号）。したがって、相続人は、根保証人の死亡当時、現に存在する債務を分割相続するが、根保証人の地位は相続せず、根保証人死亡後に発生した債務については、保証債務を負担しない。

3）適切である。物上保証人（担保提供者）が死亡した場合、根保証人の場合と異なり、根抵当権の被担保債権の元本の確定事由とはされておらず、物上保証人の相続人が相続した根抵当物件について、根抵当取引は従来どお

り継続され、相続人は極度額の定まった担保権を負担することとなる。これは、民法に明文規定はないものの、担保提供者の相続人が当該根抵当物件を相続によって取得した場合、負担付きの財産を取得したものとして、根抵当取引は従来どおり継続されるものと考えられる。

4）不適切である。連帯保証人が複数存在する場合、各連帯保証人はそれぞれ債権者に対しては全額の責任を負うものの、保証人間の求償に関しては、保証人等の間では頭数に応じて負担割合が分割される（これを負担部分と呼ぶ）。なお、連帯保証人の１人が自己の負担部分を超過して弁済をした場合、その保証人が、他の保証人等に対し当該超過部分を求償できるようにし、保証人等の間の調整をしている（民法465条１項、442条）。

正解　4）

## 3－10　保証の管理と変動（２）

《問》保証の管理と変動に関する次の記述のうち、最も不適切なものはどれか。

1) 会社の債務2,000万円について、保証人 A のほかに担保提供者 B が存在する場合、A が全額弁済しても、A は B の設定している抵当権に代位することはできない。

2) 民法は、債権者の担保保存義務違反による代位権者の免責および免責とならない場合について、明文規定している。

3) 連帯保証人が複数いる場合、債権者が連帯保証人の１人に対して債務の免除を行ったとしても、別途、債権者および他の連帯保証人の１人が別段の意思表示をしない限り、他の保証人は免除の効果を受けることはない。

4) 複数の連帯保証人の１人を差し替える場合、元の保証人の免除と新たな保証人の加入が同時に行われるとしても、他の連帯保証人の承諾を得ておかなければ、債権者が不利益を被る危険性がある。

### ・解説と解答・

1) 不適切である。債務者のために弁済をした者は、債権者に代位することができ、保証人のほかに担保提供者が存在する場合には、各自頭数に応じて債権者に代位することができる（民法501条３項４号）。したがって、会社の債務2,000万円について、保証人 A が全額弁済した場合、A は半額の1,000万円については B の財産上にある抵当権について債権者に代位することができる。

2) 適切である。担保保存義務とは、債権者が担保を合理的に見積もられる価値以下で処分することによって保証人等への求償額が増加し、保証人等に不利益とならないよう、債権者に担保価値の維持を課す義務である。民法では、債権者の担保保存義務違反行為による代位権者（弁済について正当な利益を有するもの）の免責（民法504条１項前段）、担保目的財産を譲り受けた第三者とその特定承継人の免責（同項後段）、および担保を喪失・減少させた債権者の行為に「取引上の社会通念に照らして合理的な理由がある」場合、つまり公序良俗違反や権利の濫用に当たらない場合は担保保存義務違反行為による免責の効果は生じないことを明文規定している（同

条2項)。

　また銀行実務では、保証約定書等で「担保保存義務免除特約」を規定することがある。公序良俗違反や権利の濫用に当たらない場合は、一般的にこの特約は有効とされる。ただし、状況によっては争いとなる可能性もあるので、特約に依存せず、無用の争いを避けるため担保保存義務の原則に沿って対処することが望ましい。

3）適切である。連帯債務者（連帯保証人）の1人について生じた事由は、債権者および他の連帯債務者の1人が別段の意思表示をしない限り、他の連帯債務者に対して効力を生じない（相対的効力、民法441条）。なお、債権者が連帯債務者の1人に対して債務の免除を行い、または連帯債務者の1人のために時効が完成した場合であっても、他の連帯債務者は、その1人の連帯債務者に対し、求債権を行使することができる（同法445条）。

4）適切である。連帯保証人が複数いる場合の保証人の差替えは、元の保証人の免除と新たな保証人の加入が同時に行われるとしても、元の保証人の免除について、他の連帯保証人や担保提供者の承諾を得ておかなければ、債権者の担保保存義務違反として他の保証人や担保提供者（物上保証人）から、その免除したことによって求償できなくなった部分の免責を主張される危険性がある（民法504条1項）。

正解　1）

## 3－11　消滅時効（1）

《問》債権・債務の時効の完成猶予および更新に関する次の記述のうち、最も適切なものはどれか。なお、本問における債権・債務は、すべて2020年4月1日以後に発生および発生の原因となる法律行為がされたものとする。

1）主たる債務者が時効完成後に時効の利益を放棄した場合、連帯保証人は、主たる債務の時効を援用して保証債務の消滅を主張することができない。

2）消滅時効期間が経過する前に、債務者に配達証明付内容証明郵便で督促状を送付すれば、消滅時効が更新される。

3）銀行が手形貸付をした場合、手形債権の消滅時効期間は満期日から1年、貸付債権の消滅時効期間は3年である。

4）融資先が破産手続開始の決定を受け、債権者が債権届出をして破産手続に参加した場合、原則として、その事由が終了するまでの間は、時効は完成しない。

### ・解説と解答・

1）不適切である。主たる債務者が時効完成後に時効の利益を放棄しても、保証人（連帯保証人を含む）は、主たる債務の時効を援用することで、保証債務の消滅を主張することができる（民法457条1項、大判昭6.6.4）。

2）不適切である。配達証明付内容証明郵便による督促状の送付は「催告」に当たり、催告があった時から6カ月を経過するまでの間は、時効は完成せず猶予されるが（民法150条1項）、催告は時効の更新事由として定められていないため、催告時から6カ月が経過するまでに裁判上の請求による確定判決を得るなどの別の更新手続きを行う必要がある。なお、催告により時効の完成が猶予されている間の再度の催告は、時効の完成猶予の効力を有しないとされている（同条2項）。

3）不適切である。手形債権の消滅時効は満期日から3年と定められている（手形法70条1項、77条1項8号）。一方、貸付債権の消滅時効には、民法で定められている債権等の消滅時効が適用され、債権者が権利を行使することができることを知った時から5年間行使しないとき（民法166条1項1号）、もしくは権利を行使することができる時から10年間行使しないと

き（同項 2 号）のいずれかに該当する場合に消滅する。

4）適切である。破産手続参加は時効の完成猶予事由として定められており（民法147条 1 項 4 号）、その事由が終了するまでの間は、時効は完成しない。なお、確定判決または確定判決と同一の効力を有するものによって権利が確定したときは、時効はその事由が終了した時から新たにその進行を始めるが（同条 2 項）、権利が確定することなくその事由が終了したときは、その終了の時から 6 カ月を経過するまでの間、時効は完成しない（同条 1 項本文）。

正解　4）

## 3-12　消滅時効（2）

《問》債権・債務の時効の管理に関する次の記述のうち、最も不適切なものはどれか。なお、本問における債権・債務は、すべて2020年4月1日以後に発生および発生の原因となる法律行為がされたものとする。

1）消滅時効の期間は、原則として、弁済期限当日を含めず計算する必要がある。

2）長期延滞状態にある貸付債権について、消滅時効が完成する前に、債務者から延滞利息の一部の支払があっただけでは、消滅時効は更新されない。

3）消滅時効期間が経過する前に、債務者の財産を差し押さえたとしても、後日、当該差押えが取り消されたときは、その取消しの時から6カ月を経過するまでの間は、時効は完成しない。

4）主たる債務者に対する履行の請求、その他の事由による時効の完成猶予および更新は、連帯保証人でない保証人に対してもその効力を生じる。

### ・解説と解答・

1）適切である。銀行は弁済期限が到来してから権利行使ができるため、消滅時効は弁済期限から進行を始めることとなるが、民法により、日、週、月または年によって期間を定めたときは、その期間が午前0時から始まるときを除き、期間の初日を算入しないと定められている（民法140条）。

2）不適切である。明確に債務を承認する旨の意思表示を行った場合だけでなく、弁済の猶予を申し出た場合や、元本・利息の一部を支払った場合も債務の承認に該当し、時効は権利の承認（債務の承認、債務者側からの表示）があったときは、その時から新たにその進行を始める（民法152条1項）。なお、権利の承認をするには、相手方の権利についての処分につき行為能力の制限を受けていないこと、または権限があることを要しない（同条2項）。

3）適切である。差押え（強制執行）がある場合には、その差押えが終了するまでの間は、時効は完成せず、当該差押えが申立ての取下げまたは法律の規定に従わないことによる取消しによって終了した場合は、その終了の時

から6カ月を経過するまでの間は、時効の完成は猶予される（民法148条1項）。

4）適切である。時効の完成猶予および更新は、当事者およびその承継人の間においてのみ効力を有するのが原則であるが（民法153条1項・2項）、主たる債務者に対する履行の請求その他の事由による時効の完成猶予および更新は、保証人に対してもその効力を生じる（同法457条1項）。

正解　2）

## 3－13　弁済、相殺（1）

《問》弁済、相殺に関する次の記述のうち、最も適切なものはどれか。
1）第三者は、債務者が当該第三者の弁済に反対している事実を債権者に通知している場合であっても、その債務を債務者に代わって弁済することができる。
2）金融機関は、預金者に対する貸付債権の弁済期が到来していたとしても、預金者の定期預金債権の弁済期が到来していなければ、当該貸付債権と当該定期預金債権とを相殺することができない。
3）悪意による不法行為によって生じた債権を受働債権とする相殺は、原則として禁止されている。
4）融資先が金融機関に有する預金債権が差し押さえられた場合、当該金融機関は、いかなる場合も差し押さえられた預金債権と、当該金融機関が当該融資先に対し有する貸付債権とを相殺することはできない。

### ・解説と解答・

1）不適切である。債務の弁済は、第三者が行うこともできる（民法474条1項）。ただし、①その債務の性質が第三者の弁済を許さないとき、または②当事者が第三者の弁済を禁止し、もしくは制限する旨の意志表示をしたときは、弁済をすることはできない（同条4項）。
2）不適切である。相殺を行うためには自働債権、受働債権の双方とも期日が到来していることが必要である。ただし、債権に弁済期を定めたことの利益（期限の利益）は債務者にあるのが原則であり（民法136条1項）、債務者はいつでもその利益を放棄することができるため（同条2項）、預金債権については、金融機関がその期限の利益を放棄すれば、いつでも相殺が可能となる。したがって、融資先に対する貸付債権の弁済期が到来している場合は、預金者である融資先の定期預金債権の弁済期が到来前でも、金融機関がその期限の利益を放棄することによって相殺することができることとなる。
3）適切である。悪意による不法行為に基づく損害賠償の債務を受働債権として相殺を行うことは、その債権者がその債務に係る債権を他人から譲り受けたときを除き、禁止されている（民法509条1号）。「悪意による」と

は、「損害を与える意図」を意味する。同条2号の「人の生命または身体の侵害による損害賠償の債務（前号に掲げるものを除く）」は、被害者保護の必要があることから不法行為に限定されず、また相殺の適用もない。

4）不適切である。融資先の預金債権が差し押さえられた場合においては、差押え後に取得した貸付債権を自動債権とする相殺は認められていない一方、差押え前に取得した、または差押え前の原因に基づいて生じた貸付債権を自働債権とするときは、その弁済期のいかんにかかわらず相殺が認められている（民法511条1項・2項本文）。ただし、第三者が差押え後に取得した他人の債権でもってする相殺については、差押え時点での相殺への期待を保護するに値しないため、相殺は認められていない（同条2項ただし書）。

正解　3）

## 3－14　弁済、相殺（2）

《問》弁済、相殺等に関する次の記述のうち、最も適切なものはどれか。
1）法的整理手続のなかで、法律によって相殺をすることができる期間が規定されているのは、破産手続、会社更生手続および民事再生手続である。
2）債務者が債務不履行の状況にある場合は、いかなる場合も抵当権の実行より当該不動産の任意処分による弁済を優先すべきである。
3）担保不動産競売および担保不動産収益執行の手続では、それぞれ民事執行法における不動産執行の強制競売および強制管理の規定は準用されない。
4）同一不動産に対する担保不動産競売および担保不動産収益執行の手続は、競合することがある。

### ・解説と解答・

1）不適切である。法的整理手続のなかで、法律によって相殺をすることができる期間（債権届出期間）が規定されているのは会社更生手続と民事再生手続で、債権届出期間内に相殺をする必要がある（会社更生法48条1項、民事再生法92条1項）。破産手続の場合は、破産管財人から相殺するかどうか確答するよう催告を受けたときは、催告期間（破産管財人が定めた一般調査期間経過後、または一般調査期日終了後、1カ月以上の期間）内に確答しなければ、破産手続との関係で相殺の効力を主張できなくなるにすぎない（破産法73条2項）。
2）不適切である。抵当権の実行は、債権の弁済期が到来していればいつでも可能である。しかし、抵当権の実行による競売よりも、債務者や担保提供者との交渉に基づいて、当該不動産を任意売却したほうが、一般的には売却価格が高額となり、回収率も向上させることができる。そのため、抵当権の実行はあくまでも最後の手段と考え、債務者等と円満な関係を維持し、協力的な関係のうちに不動産処分を進めることが望ましいが、債務者等が協力的でなく、話合いにすら応じないような場合や、行方不明等の理由によって話合い自体が困難な場合には、任意処分に拘ることなく、速やかに抵当権の実行による回収を図らざるを得ない。
3）不適切である。担保不動産競売および担保不動産収益執行の手続には、そ

れぞれ民事執行法における不動産執行の強制競売および強制管理の規定が多数準用されている（民事執行法188条による同法44条等の準用）。

4）適切である。担保不動産競売と担保不動産収益執行は、執行方法や目的が異なるものであるので、担保不動産収益執行が開始された不動産に対しても、担保不動産競売を申し立てることができる（民事執行法180条）。そして、相互に独立して手続が進行するが、競売による売却に基づく、買受人による代金納付があれば、その不動産上の抵当権が消滅するため（同法188条、59条1項）、担保不動産収益執行の手続は取り消される（同法188条、111条、53条）。

正解　4）

## 3－15　各種債権回収

《問》各種の債権回収に関する次の記述のうち、最も適切なものはどれか。

1）差押えを受けた担保定期預金によって、差押え時に有する貸付金を回収する場合、当該預金に設定された担保権（質権）実行による回収であれば、担保差入証書の確定日付をとる必要があるが、相殺による回収であれば、確定日付をとる必要はない。

2）保証人が債務者に代わって債権者である金融機関に弁済をしても、当該金融機関の承諾がなければ、当該保証人は当該金融機関の有する債権や担保権に代位することはできない。

3）手形貸付において融資先から差入れを受けた約束手形は、強制執行のための債務名義になる。

4）債権者が破産手続開始決定前に破産財団に属する財産を差し押さえている場合、当該債権者は破産手続で優先的に弁済を受けることができる。

### ・解説と解答・

1）適切である。預金担保は預金債権に対する質権設定であり、この質権について第三者対抗要件を備えるための主たる方法は、担保差入証書に確定日付をとることであるが（民法364条、467条）、担保預金に対する差押えに対しては、相殺による回収を予定しているので、質権の設定に際して担保差入証書に確定日付をとることを一般に省略している。差押え時に有する融資金であれば、預金債権に対する差押えがあっても、相殺による回収が可能であり（同法511条1項）、第三者対抗要件を備えた質権を取得しておく必要はない。

2）不適切である。保証人は弁済をするについて正当な利益を有する者であるので、債権者や債務者の意思に反するかどうかにかかわらず弁済を行うことができ（民法474条1項）、債権者である金融機関に当然に代位することができる（同法499条）。

3）不適切である。手形貸付において差入れを受ける約束手形は、貸付債権の存在を立証する借用証書に代わるものであるが、民事執行法22条に規定された債務名義には該当しないので、債務名義として用いるには、訴訟手続

などを経る必要がある。

4）不適切である。債権者が破産手続開始決定前に債務者の財産を差し押さえ
ていても、破産手続開始決定があれば、その差押えは効力を失い（破産法
42条 2 項）、破産手続において優先的に弁済を受けることはできない。

正解　1）

## 3－16　代理受領による回収

《問》X銀行は融資先であるA社との間で、X銀行がA社に対して有する
2,000万円の貸付債権の回収方法として、A社がB社に対して有す
る1,500万円の請負代金債権について代理受領契約を締結した。当
該代理受領契約において、X銀行だけが取立受領権限を有している
ことについてB社が承諾している場合に関する次の記述のうち、最
も不適切なものはどれか。
1) X銀行は、B社から請負代金1,500万円を直接取り立てて受領した
その代金を、A社に対する貸付債権の弁済に充当することができ
る。
2) B社がA社にその請負代金全額を支払った場合であっても、B社が
X銀行だけに代理受領権があることについて承諾している以上、X
銀行はA社との間の代理受領契約に基づき、B社に対して請負代金
1,500万円の支払を請求することができる。
3) B社がA社にその請負代金全額を支払った場合、X銀行はB社に対
して不法行為に基づく損害賠償請求をすることができる。
4) B社がX銀行にその請負代金全額の支払を行う前に、A社について
破産手続が開始された場合、X銀行の代理受領権は、破産手続にお
いて別除権として取り扱われない。

### ・解説と解答・

1) 適切である。X銀行はA社と代理受領契約を締結することにより、A社が
B社に対して有する債権の取立権限および弁済の受領権限を得て、B社か
ら受領した金銭を貸付債権に充当する（X銀行のA社に対する貸付債権
と、X銀行がB社から取立受領した金銭のA社に対する返還債務とを相殺
する）ことで債権を回収することとなる。すなわち、代理受領が一種の担
保となっている。
2) 不適切である。X銀行とA社との間の代理受領契約は、A社のB社に対す
る債権の取立ておよび受領がX銀行に委任されているだけであるので、た
とえA社のB社に対する債権を、X銀行が取立ておよび受領することをB
社が承諾していても、A社によるB社への債権の取立てや、B社によるA
社への債権の弁済を阻止することはできない。したがって、B社がA社に

対して請負代金を支払った場合、B社のA社に対する債務は消滅し、X銀行はB社に対して代金の支払を請求することができない。

3）適切である。X銀行による代理受領を承諾したB社が、A社に請負代金を支払ったことは、X銀行の回収の利益を害することとなるので、X銀行はB社に対して不法行為に基づく損害賠償請求をすることができる（最判昭61.11.20金法1147号34頁）。

4）適切である。破産手続における別除権とは、破産手続開始の時において破産財団に属する財産につき特別の先取特権、質権または抵当権を有する者が、これらの権利の目的である財産について破産手続によらないで行使することができる権利をいう（破産法2条9項、65条）。本問の代理受領契約は担保的機能を有しているものの、その法律関係は委任契約であると解するのが通説であり、別除権の基礎となるような、特定の財産に対する担保権が認められないので、別除権として取り扱われない。

正解　2）

## 3－17　強制執行

《問》強制執行に関する次の記述のうち、最も適切なものはどれか。
1）強制執行により差し押さえた債権を換価する場合、必ず転付命令により当該債権を取得しなければならない。
2）給与債権は、その全額が差押禁止債権である。
3）債務者が第三債務者に対して有する金銭債権に譲渡制限特約がある場合は、差押債権者は、当該金銭債権を差し押さえることができない。
4）確定判決および仮執行宣言付支払督促は、いずれも強制執行のための債務名義に該当する。

### ・解説と解答・

1）不適切である。差押債権者は、転付命令により差し押さえた債権を取得し、これを換価することができるが（民事執行法159条1項）、差押命令が債務者に送達されて1週間経過すれば、第三債務者に対して当該債権を直接取り立てることもできる（同法155条1項）。なお、差押えの競合などがある場合は、第三債務者が、差押えに係る部分に相当する金銭を供託し、裁判所による配当がなされることもある（同法156条1項、166条1項）。
2）不適切である。債務者の給与債権は、その4分の3に当たる部分（月額給与が44万円を超えるときは、33万円に相当する部分）の差押えが禁止されている（民事執行法152条1項柱書・2号、同法施行令2条1項1号）が、残りの部分の差押えは可能である。
3）不適切である。差押債権者は、原則として、その善意・悪意を問わず、譲渡制限特約のある金銭債権を差し押さえ、転付命令を取得することができる（民法466条の4第1項）。
4）適切である。強制執行を行うための債務名義には、確定判決、仮執行宣言付支払督促、強制執行認諾文言付公正証書（執行証書）などがある（民事執行法22条1号・4号・5号など）。

正解　4）

## 3-18 仮差押え

《問》仮差押えに関する次の記述のうち、最も不適切なものはどれか。
1) 仮差押えは、債務者が財産を処分・隠匿することを防止し、金銭の支払を目的とする債権による将来の強制執行を行うための手続である。
2) 仮差押えは、不動産や債権のみならず、動産を目的物として行うこともできる。
3) 仮差押えを行うためには、保全すべき債権の期限が到来している必要がある。
4) 不動産を目的物とする仮差押えの執行は、その不動産に対して仮差押えの登記をする方法または強制管理の方法で行われる。

### ・解説と解答・

1) 適切である。仮差押命令は、金銭の支払を目的とする債権について、強制執行をすることができなくなるおそれがあるとき、または強制執行をするのに著しい困難を生ずるおそれがあるときに発することができる（民事保全法20条1項）。
2) 適切である。仮差押えの目的物には、①不動産、②船舶、③動産、④債権およびその他の財産権がある（民事保全法47条、48条、49条、50条）。なお、仮差押命令は、特定の物について発しなければならないが、動産については目的物を特定しないで仮差押命令を発することができる（同法21条）。
3) 不適切である。期限到来前の債権や停止条件付債権が保全すべき債権である場合でも、仮差押えを行うことができる（民事保全法20条2項）。
4) 適切である。不動産に対する仮差押えの執行は、その不動産に対し仮差押えの登記または強制管理の方法により行われる。これらの方法は、併用することができる（民事保全法47条1項）。

正解　3)

## 3－19　債務整理手続

> 《問》債務整理の各種手続に関する次の記述のうち、最も適切なものはど
> れか。
> 1）債務整理の手続は再生型と清算型に分類され、清算型の手続は法的
> 整理によってしか行うことができない。
> 2）債務整理手続が開始された場合、その手続が法的整理と私的整理手
> 続のいずれによるものかにかかわらず、手続開始の旨が官報に公告
> される。
> 3）私的整理手続においては、原則として、債権者による担保権の実
> 行、租税債権による強制執行、仮差押え、仮処分などの個別の権利
> 行使を強制的に排除することはできない。
> 4）一般に、法的整理により債務整理を行う場合は、私的整理による場
> 合と比べ、債権回収に要する費用や日数が少ない。

### ・解説と解答・

1）不適切である。債務整理の手続は、債務者である企業・事業の再建を主た
　る目的とする再生型と、債務者の財産・事業を清算することを目的とする
　清算型に分類することができ、再生型、清算型のいずれも法的整理による
　ものと、私的整理によるものが存在する。

2）不適切である。法的整理により債務整理手続が開始された場合、その旨が
　官報に公告されることとなるが、私的整理手続の場合は公告されることは
　ない。

3）適切である。私的整理手続は、債務者、債権者などの利害関係人間の自由
　な話合いにより任意に合意した内容に基づき債務者の債務整理を行う手続
　であり、どのような手続をとるかについては法的な制限がないため、債権
　者の抜け駆けに対処することはできない。なお、「私的整理に関するガイ
　ドライン」や「中小企業の事業再生等に関するガイドライン」に基づく手
　続、事業再生 ADR 制度、中小企業活性化協議会などの公的組織の支援を
　活用した債務整理は準則型私的整理手続と位置づけられ、債権者による個
　別的権利行使が一定程度制約されている。

4）不適切である。法的整理手続は、債務者の資産・負債を完全に調査したう
　えで、債務者の再建または清算の目的をもって適正公平な分配を目指すも

のであり、私的整理手続と比べて、債権回収にあたっての費用および日数を要することが一般的である。

正解　3）

〈参考〉債務整理手続の種類

| 法的整理手続 | 清算型 | 破産手続 | |
|---|---|---|---|
| | | 特別清算手続　※株式会社のみ | |
| | 再生型 | 民事再生手続 | |
| | | 会社更生手続　※株式会社のみ | |
| 私的整理手続 | 清算型 | 準則型私的整理手続 | 「中小企業の事業再生等に関するガイドライン」に基づく廃業型私的整理手続 |
| | | 任意整理 | |
| | | その他 | |
| | 再生型 | 準則型私的整理手続 | 「私的整理に関するガイドライン」に基づく手続 |
| | | | 「中小企業の事業再生等に関するガイドライン」に基づく再生型私的整理手続 |
| | | | 事業再生 ADR 制度 |
| | | | 中小企業活性化協議会、地域経済活性化支援機構（REVIC）等の公的組織による支援を活用した手続 |
| | | | 特定調停 |
| | | 純粋私的整理手続 | |

## 3 −20　法的整理手続（1）

《問》法的整理手続のうち、破産手続に関する次の記述のうち、最も適切なものはどれか。

1) 破産管財人が選任されても、破産者は、原則として、自己に属する財産の管理処分権を失わない。

2) 破産者の所有不動産に設定を受けていた質権は、別除権として破産手続によらずに実行することはできない。

3) 破産債権者である金融機関は、原則として、破産者の支払停止を知った後に当該破産者が当該金融機関に有する預金口座に入金された預金債権と、当該金融機関の破産者に対する貸付債権を相殺することはできない。

4) 破産者の所有不動産に抵当権を有する金融機関は、当該抵当権を実行しても回収できない不足額については、破産手続において配当を受けることができない。

### ・解説と解答・

1) 不適切である。破産手続が開始決定されると、破産者（債務者）に返済能力がないと認められ、破産開始決定と同時に破産手続が終了する同時廃止（破産法216条1項）とならない限り、破産管財人が選任され、破産者（債務者）に属する財産の管理処分権は、破産管財人に専属することとなる（同法78条1項）。

2) 不適切である。破産手続の開始決定があった場合、破産管財人は、破産者の財産（破産財団）を換価処分し、債権者に対して平等に配当することとなる。ただし、破産手続開始の時において破産財団に帰属する財産に設定を受けた抵当権、質権などの担保権は、「別除権」として破産手続によらずに実行することができる（破産法2条9項、65条1項）。また、別除権で回収できない債権については、破産管財人に対してその不足額を証明することにより、一般債権者と同じように配当を受けることができる（同法198条3項、65条2項）。

3) 適切である。破産債権者が破産者に対して有する債権（破産債権）と破産者に対して負担する債務（預金債権）との相殺は、前者が債務者の破産により経済的価値が落ちていることから、一定の制限を受ける。その制限の

　1つに、破産者の支払停止後にそれを知っていながら当該破産者に対する債務を負担した場合があり（破産法71条1項3号本文）、預金口座への入金はこれに当たる。なお、破産者に支払停止があった時において、当該破産者が支払不能でなかったときは相殺することができる（同号ただし書）。
4）不適切である。上記2）の解説参照。

<u>正解　3）</u>

## 3−21　法的整理手続（2）

《問》法的整理手続のうち、破産法に基づく破産手続と民事再生法に基づ
く再生手続に関する次の記述のうち、最も適切なものはどれか。
1）破産手続では対象となる法人について限定されていないが、民事再
　生手続においては株式会社のみが対象とされている。
2）破産手続では同時廃止とならない限り、裁判所により必ず破産管財
　人が選任されるが、民事再生手続においては、法人について裁判所
　の命令があった場合にのみ管財人が選任される。
3）破産手続開始の申立ては債務者本人または債権者が行うことができ
　るが、民事再生手続開始の申立てができるのは債務者本人のみに限
　定されている。
4）担保権の実行は、破産手続では自由に行うことができるが、民事再
　生手続では、実行にあたり再生債務者の同意が必要である。

### ・解説と解答・

1）不適切である。破産手続と民事再生手続のいずれも対象となる法人に制限
　はない（破産法18条、19条、民事再生法4条1項）。なお、会社更生手続
　および特別清算手続は株式会社のみが対象となっている（会社更生法1
　条、会社法510条）。
2）適切である。破産手続では、同時廃止の場合を除き、破産者が個人、法人
　にかかわらず破産管財人の選任は必須であるが（破産法31条1項）、民事
　再生手続では、再生債務者が法人である場合には、利害関係人の申立てま
　たは裁判所の職権で管財人が選任される場合等を除き、一般的には、管財
　人を通さずに再生債務者自らが財産の管理処分を行う（民事再生法38条1
　項、64条1項）。
3）不適切である。破産手続、民事再生手続のいずれも債務者本人および債権
　者による手続開始の申立てが可能である（破産法18条1項、民事再生法21
　条1項・2項）。
4）不適切である。破産手続でも民事再生手続でも、担保権は別除権としてそ
　の実行には制限がない（破産法2条9項、65条1項、民事再生法53条1
　項・2項）。ただし、民事再生手続は債務者の事業または経済生活の再生
　を図ることを目的とするものであることから（民事再生法1条）、一定期

間、担保権の実行手続の中止を命じられることがある（同法31条１項）。

正解　２）

## 3－22　私的整理手続

《問》私的整理手続に関する次の記述のうち、最も適切なものはどれか。
1）「中小企業の事業再生等に関するガイドライン」に定められた、中小企業者を対象とする私的整理手続は、第三者である支援専門家が、中立かつ公正・公平な立場から中小企業者の策定する計画の検証等を行い、迅速かつ円滑な手続を可能としていることに特徴がある。
2）事業再生 ADR 制度の利用を希望する債務者は、主要債権者との連名で特定認証紛争解決事業者への申請を行う必要がある。
3）債務者が中小企業活性化協議会の再生支援を利用した私的整理を希望する場合は、金融機関や商工会議所などを通じて相談する必要があり、当該協議会に直接相談することはできない。
4）「私的整理に関するガイドライン」に基づく手続においては、債務者が主要債権者に対し、当該ガイドラインによる手続を申し出た段階から、当該ガイドラインによる手続が開始したこととなる。

### ・解説と解答・

1）適切である（「『中小企業の事業再生等に関するガイドライン』Q＆A（令和 4 年 4 月 8 日）」Q.2）。なお、「中小企業の事業再生等に関するガイドライン」の対象となる中小企業者には、中小企業基本法における中小企業者だけでなく、中小企業基本法における小規模企業者や個人事業主も含まれている（同 Q＆A Q.3）。

2）不適切である。事業再生 ADR 制度の利用申請は、債務者の単独で行うことができる。なお、事業再生 ADR 手続（裁判外紛争解決手続）とは、企業の早期事業再生を支援するため、中立な専門家である特定認証紛争解決事業者が、金融機関等の債権者と債務者との間の調整を実施するとともに、双方の税負担を軽減し、債務者に対するつなぎ融資の円滑化等を図る準則型私的整理手続である。

3）不適切である。債務者は、金融機関、商工会議所などを通じてだけでなく、直接、中小企業活性化協議会に相談することもできる。なお、中小企業活性化協議会の再生支援業務は、①窓口相談（無料で課題の抽出とアドバイスが行われる）、②再生支援（窓口相談において把握した相談企業の

状況に基づき、再生計画の策定が適当であると判断された場合に、選任されたアドバイザーチームによる再生計画策定支援が行われる）の2段階で構成されている。

4）不適切である。「私的整理に関するガイドライン」に基づく手続においては、債務者が主要債権者に対し、本ガイドラインによる手続を申し出た後、主要債権者と債務者の連名で対象債権者全員に対する一時停止の通知が出された段階から、当該ガイドラインによる手続が開始したこととなる（「『私的整理に関するガイドライン』Q＆A（平成13年9月）」Q.15)。

<u>正解　1）</u>

# 第 4 章

# 融資審査と財務分析

## 4－1　信用調査の基本（1）

《問》小規模企業に対する金融機関による信用調査の基本に関する次の記述のうち、最も不適切なものはどれか。

1）信用調査にあたっては、経営者の人柄や経歴・世評・資産状況といった企業財務以外の定性情報を収集することで、計数による経営状況の把握が不十分となる点を補う必要がある。

2）小規模小売業やサービス業などの、いわゆる生業的な企業・事業者では、特に同一場所で同一事業を長期間継続して営んでいるか否かが信用調査を行ううえでの重要なポイントとなる。

3）小規模企業の経営者は、自身の事業に関わる損益分岐点や粗利益率についての情報を全く把握していないことが多いので、行職員が財務分析に基づいてこれらの情報を提供することが必要である。

4）小規模企業では、経営者が自己資金を企業に貸し付けているケースが多く、その貸付金が返済条件や金利支払条件の面から、実質的に資本と同視できる場合がある。

### ●解説と解答●

1）適切である。小規模企業や個人事業者の経営実態については、財務資料の整備が不十分なことが多く、正確な経営状態を計数によって把握することがむずかしいケースがあるので、一定規模以上の企業とは異なった角度からの信用調査が必要とされる。

2）適切である。小規模企業の倒産事例では、業歴の浅い企業の倒産が多く、逆に同一場所で長期間同一事業を営んでいる企業は社会的にそれなりの信用を有しているものと考えられる。

3）不適切である。一般的に、小規模企業の経営者は、自分の事業に関わる損益分岐点や粗利益率について経験に基づく独自のノウハウを有していることが多く、面談を通じてこれらを探ることも必要である。

4）適切である。小規模企業では、経営者が自己資金を企業に貸し付けているケースが多く、その貸付金が返済条件（特に返済スケジュールを定めていない）や金利支払条件（無利息やそれに近い場合）の面から、実質的に資本と同視できる場合がある。

<u>正解　3）</u>

## 4－2　信用調査の基本（2）

《問》一般個人に対する金融機関による信用調査の基本に関する次の記述のうち、最も不適切なものはどれか。
1) 一般個人取引における調査事項の基本として、①取引の相手が本人であるかどうか、②取引の相手が制限行為能力者でないかどうかを調べる必要がある。
2) 一般個人の信用力の判断において、医師や弁護士などは、その職業自体が有する社会的地位により、信用力があるとみなされることもあるが、過信することは危険である。
3) 一般個人の信用調査では、一般的に、勤務先がどこであるかや勤続年数の長短は信用力の判断に影響しない。
4) 全国銀行個人信用情報センターに照会して得られる一般個人の信用情報は、あくまでも参考情報であり、最終的には銀行自身の与信判断基準に照らして、その信用力を判断する必要がある。

### ・解説と解答・

1) 適切である。取引相手の本人確認は、運転免許証、パスポート、個人番号カード、在留カード、各種健康保険証、介護保険証、年金手帳等の書類を用いて行うことができる。取引相手が制限行為能力者でないかどうかは、後見登記等登記事項証明書に後見登記等がないことを確認するだけでなく、本人との面談や介添人等の立会いのもと、取引条件や内容の説明を十分に行い、本人の反応を確認することも重要である。
2) 適切である。一般個人の信用力は、勤務先、勤務先での地位、勤続年数、年収、所有資産などにより総合的に判断する。医師や弁護士などは、その職業自体が有する社会的地位により、信用力があるとみなされることもあるが、資産の保有状況、他の金融機関からの借入状況、年収に対する返済比率、資金使途、面談の際の印象などから総合的に判断する必要がある。
3) 不適切である。給与所得者が継続して所得を得るためには、勤務先の存続、業績動向が重要な関わりを持っており、信用のある勤務先に勤務していることは、一般個人の信用力の判断における1つのポイントとなる。
4) 適切である。全国銀行個人信用情報センターは個人信用情報機関の1つであり、一般個人の信用情報を蓄積し、銀行の請求により情報提供を行っている。

正解　3)

## 4－3　融資審査の仕組み（1）

《問》銀行の融資審査の仕組みなどに関する次の記述のうち、最も不適切なものはどれか。
1）配当金、法人税の支払などの資金は、決算資金である。
2）貸借対照表から算出される所要運転資金と、実際に借り入れている運転資金とは必ずしも一致しない。
3）所要運転資金を算出する場合の売上債権残高は、売掛金と受取手形の合計額であるが、この受取手形には割引手形は含まれない。
4）設備資金を長期借入金で調達した場合、その返済原資は原則として、毎期生じる利益である。

### ・解説と解答・

1）適切である。配当金、法人税の支払などに必要となる資金は決算資金である。
2）適切である。貸借対照表から算出される所要運転資金と、実際に借り入れている運転資金（通常は割引手形と短期借入金の合計）とは必ずしも一致しない。借入金額は、経常収支比率の高低、自己資本の充実度の差、現預金の多寡など様々な要因で所要運転資金とは異なる。
3）不適切である。所要運転資金を算出する場合の売上債権残高は売掛金と受取手形の合計額であるが、この受取手形には割引手形も含まれる。資金化目的ですでに割引を行い脚注表示されている割引手形を、再度受取手形に含めることで、商品等を仕入れ、在庫を経て販売し、代金回収に至るまでの営業上必要となる所要運転資金の総額を把握することができる。
4）適切である。設備資金を長期借入金等の他人資本で調達した場合、その返済原資は原則として、毎期生じる利益である。

正解　3）

## 4-4　融資審査の仕組み（2）

《問》金融機関の融資審査の仕組みなどに関する次の記述のうち、最も適切なものはどれか。
1) 営業店で受け付けた借入申込みのうち、店長専決権限を超えるものは、一般に営業店では審査を行わず、本部に稟議をあげる必要がある。
2) 設備資金の貸付をする際には、正確な必要資金を確認するとともに、返済の原資とされる売上債権のなかに回収不能分はないか、あるいは棚卸資産のなかに不良在庫はないか等についても十分に検討する必要がある。
3) 決算資金の貸付は、資金の性格から貸付期間があまり長期にわたるのは好ましくなく、一般的に1～2カ月間が妥当である。
4) 増加運転資金は、生産や販売の増加に伴って、在庫や売上債権が増加した場合のほか、売上・仕入条件の変更の場合などに発生する。

### ・解説と解答・

1) 不適切である。営業店で受け付けた借入申込みのうち、店長専決権限を超えるものは、営業店で審査を行ったうえで、店長の名のもとに本部に稟議をあげ、本部がさらに独自の立場から審査をしたうえで、可否を決定して営業店に通知する方式が一般的な取扱いである。
2) 不適切である。本肢は運転資金の貸付をする際の留意点である。通常、運転資金の貸付金は売上債権の回収や棚卸資産（商品、製品など）の売上を原資として返済されるため、貸付の際には、正確な必要資金を確認するとともに、売上債権のなかに回収不能分はないか、あるいは棚卸資産のなかに不良在庫はないか等についても十分に検討する必要がある。また、設備資金の貸付に際しては、返済スケジュールをフリーキャッシュフロー等と比較し、返済原資の確保が見込まれることを確認する必要がある。
3) 不適切である。決算資金は、運転資金のように経常的に生ずる資金ではなく、臨時的に生ずる資金である。半年～1年程度の事業成果に基づき発生する性質の資金であることから、貸付期間を1～2カ月の短期間とすることや、1年以上にわたる長期間とすることは好ましくなく、6カ月程度とするのが妥当とされている。

4）適切である。増加運転資金は、生産や販売の増加に伴って、在庫や売上債権が増加した場合のほか、売上・仕入条件の変更などにより棚卸資産や売上債権の回転期間の長期化、仕入債務回転期間の短縮などが起きた場合に発生する。

正解　4）

## 4－5　会計基準と財務諸表（1）

《問》財務諸表を作成するうえで参照すべき会計基準・企業会計原則など
に関する次の記述のうち、最も適切なものはどれか。

1）会社法および会社計算規則では、株式会社は各事業年度において①
貸借対照表、②損益計算書、③キャッシュフロー計算書、④個別注
記表の4つからなる計算書類を作成しなければならないと定められ
ている。

2）会社計算規則では、貸借対照表は、資産の部・負債の部・資本の部
の3つに区分して表示すると定められている。

3）企業会計原則では、貸借対照表の各科目を表示する場合の金額は総
額で計上するのが原則であり、貸借科目を任意に相殺することに
よって、その全部または一部を貸借対照表から除去してはならない
と定められている。

4）「中小企業の会計に関する基本要領」は、中小企業が会社法上の計
算書類等を作成する際に参照するための会計処理や注記等を示すも
のであり、その利用が法令により義務付けられている。

・解説と解答・

1）不適切である。会社法および会社計算規則では、株式会社は各事業年度に
おいて①貸借対照表、②損益計算書、③株主資本等変動計算書、④個別注
記表の4つからなる計算書類を作成しなければならないと定められている
（会社法435条2項、会社計算規則59条1項）。

2）不適切である。貸借対照表は、資産の部・負債の部・純資産の部の3つに
区分して表示すると定められている（会社計算規則73条1項）。

3）適切である（企業会計原則3－1－B）。これを総額主義の原則という。

4）不適切である。中小企業庁が所管する「中小企業の会計に関する検討会」
が公表した「中小企業の会計に関する基本要領」は、中小企業の経理体制
などを踏まえ、上場企業向けに定められた原則的な会計処理に比べ、簡便
な会計処理を示しているが、法令等によってその利用が強制されるもので
はなく、企業会計基準や「中小企業の会計に関する指針」に基づいて計算
書類等を作成することを妨げないとしている（中小企業の会計に関する基
本要領Ⅰ－3）。

<u>正解　3）</u>

## 4−6 会計基準と財務諸表（2）

《問》財務諸表を作成するうえで参照すべき会計基準・企業会計原則など
に関する次の記述のうち、最も適切なものはどれか。
1）会社計算規則では、株式会社の賃借対照表上の純資産の部は、自己
資本、評価・換算差額等、新株予約権の3つに区分しなければなら
ないと定められている。
2）会社計算規則では、貸借対照表上の資産の評価は、原則として、事
業年度末日における時価評価によらなければならないと定められて
いる。
3）上場企業は、会社法および会社計算規則だけでなく、金融商品取引
法、財務諸表等規則および連結財務諸表規則に従って、財務諸表お
よび連結財務諸表を作成しなければならない。
4）企業会計原則では、賃借対照表上の資産および負債の項目の配列
は、原則として、固定性配列法によるものと定められている。

### ・解説と解答・

1）不適切である。会社計算規則では、株式会社の賃借対照表上の純資産の部
は、株主資本、評価・換算差額等、株式引受権、新株予約権の4つに区分
しなければならないと定められている（会社計算規則76条1項1号）。

2）不適切である。会社計算規則では、貸借対照表上の資産の評価は、原則と
して取得価額によらなければならないと定められている（会社計算規則5
条1項）。なお、「金融商品に関する会計基準」や「固定資産の減損に係る
会計基準の適用指針」などでは時価評価によることがある。

3）適切である。金融商品取引所に株式を上場する株式会社（上場企業）は、
会社法および会社計算規則で定められた貸借対照表、損益計算書、株主資
本等変動計算書、個別注記表の作成に加え、金融商品取引法193条、財務
諸表等規則1条および連結財務諸表規則1条に従って、財務諸表（①貸借
対照表、②損益計算書、③株主資本等変動計算書、④キャッシュフロー計
算書、⑤附属明細表）および連結財務諸表（①連結貸借対照表、②連結損
益計算書、③連結包括利益計算書、④連結株主資本等変動計算書、⑤連結
キャッシュフロー計算書、⑥連結附属明細表）を作成しなければならな
い。

4）不適切である。資産および負債の項目の配列は、原則として、流動性配列法（資産の項目につき流動資産、固定資産、繰延資産の順に、負債の項目につき流動負債、固定負債の順に配列する方法）によるものと定められている（企業会計原則 3 - 3）。ただし、固定資産や固定負債の占める比重がきわめて高く、流動項目の意義が相対的に小さい電気業・ガス業などでは、固定性配列法（資産の項目につき固定資産、流動資産、繰延資産の順に、負債の項目につき固定負債、流動負債の順に配列する方法）の採用が認められている。

<u>正解　3）</u>

## 4－7　会計基準

《問》会計基準などに関する次の記述のうち、最も不適切なものはどれか。

1）「棚卸資産の評価に関する会計基準」では、棚卸資産の期末における正味売却価額が帳簿価格より下落している場合には、正味売却価額をもって貸借対照表価額とすると定められている。

2）「金融商品に関する会計基準」でいう金融商品とは、株式その他出資証券および公社債等の有価証券ならびにデリバティブ取引により生じる正味の債権等と、デリバティブ取引により生じる正味の債務等をいい、受取手形等の金銭債権や買掛金等の金銭債務は含まない。

3）「固定資産の減損に係る会計基準」の対象となる固定資産には、有形固定資産、無形固定資産および投資その他の資産が含まれる。

4）法人税法施行令では、固定資産のうち、土地や借地権などは減価償却の対象とならないと定められている。

### ・解説と解答・

1）適切である。「棚卸資産の評価に関する会計基準」では、通常の販売目的で保有する棚卸資産について、取得原価を貸借対照表に計上する金額とするが、期末における正味売却価額が取得原価（帳簿価額）より下落している場合には、正味売却価額をもって貸借対照表に計上する金額とすると定められている（棚卸資産の評価に関する会計基準7）。

2）不適切である。「金融商品に関する会計基準」でいう金融商品には、株式その他出資証券および公社債等の有価証券ならびにデリバティブ取引により生じる正味の債権等と、デリバティブ取引により生じる正味の債務等に加え、現金預金・受取手形・売掛金および貸付金等の金銭債権、ならびに支払手形・買掛金・借入金および社債等の金銭債務が含まれる（金融商品に関する会計基準Ⅱ－1－4、Ⅱ－1－5）。

3）適切である。「固定資産の減損に係る会計基準」の対象となるものは、土地、建物、機械・装置などの有形固定資産やのれんなどの無形固定資産、投資不動産など投資その他の資産で構成される事業用資産である（固定資産の減額に係る会計基準の適用指針5、68）。

4）適切である（法人税法施行令13条）。土地および借地権・地上権など土地
の上に存する権利や建設仮勘定のように減価償却の対象とならない資産を
非償却資産という。

正解　2）

## 4－8　税効果会計

---

《問》税効果会計に関する次の記述のうち、最も不適切なものはどれか。

1）税効果会計では、一時差異（会計上の簿価と税務上の簿価との差額）がある場合、その差異にかかる法人税等の額を適切に期間配分することにより、税引前当期純利益の額と法人税等の額を合理的に対応させることができる。

2）当期に生じた一時差異が将来解消されるときに、課税所得が減少することで法人税等の額が減少し、純利益が増加する場合は、当期の賃借対照表において繰延税金資産を計上する。

3）税効果会計の適用により、企業の法人税等の支払額が増減することはない。

4）過年度に計上した繰延税金資産については、その発生原因となった一時差異が解消される年度のみにおいて、その戻入れが実際にされるかどうかを確認すれば十分である。

---

### ● 解説と解答 ●

1）適切である。税効果会計とは、貸借対照表に計上された資産および負債の金額と、課税所得の計算の結果算定された資産および負債の金額との間に「差異」がある場合に、その「差異」（一時差異）にかかる法人税等の金額を適切に期間配分することにより、法人税等を控除する前の当期純利益の金額と、法人税等の金額を合理的に対比させるための会計処理をいう（会社計算規則2条3項27号、平成10年10月企業会計審議会「税効果会計に係る会計基準」）。

2）適切である。一時差異による調整は、損益計算書上で「法人税等調整額」として表示され、当期の法人税等の額を修正したうえで、貸借対照表に「繰延税金資産」または「繰延税金負債」を計上する。

　一時差異には、①発生した期には税務上の損金として認められず、税額を増額させるものの、将来時点で損金が認められ、その一時差異が解消することにより、当該期の課税所得を減額する効果を持つ「将来減算一時差異」と、②発生した期には税務上の益金に算入されないため、税額を減額させるものの、将来時点で益金が認められ、その一時差異が解消することにより、当該期の課税所得を増額する効果を持つ「将来加算一時差異」が

ある。①が発生した場合は「繰延税金資産」を、②が発生した場合は「繰延税金負債」を、発生した期の賃借対照表上に計上することとなる。

3）適切である。税効果会計は将来的に発生する法人税等を期間配分するものであり、適用の有無は、法人税等の額を算出する根拠となる課税所得の金額に影響しない。

4）不適切である。過年度に計上した繰延税金資産についても、その回収可能性を毎期見直し、将来の税金負担額を軽減する効果を有していると見込まれなくなった場合には、過大となった金額を取り崩す必要がある。

<u>正解　4）</u>

## 4－9　貸借対照表（B/S）

> 《問》貸借対照表に関する次の記述のうち、最も不適切なものはどれか。
> 1）貸倒引当金は、貸倒引当金の対象となる金銭債権の区分にかかわら
> 　ず、常に流動資産の控除項目として計上される。
> 2）長期借入金のうち、決算日（貸借対照表日）の翌日から1年以内に
> 　返済期日の到来する金額分は流動負債に属し、短期借入金として計
> 　上する。
> 3）正常な営業循環過程にある受取手形は、決算日（貸借対照表日）の
> 　翌日から1年以内に期限が到来しないものであっても、流動資産に
> 　区分される。
> 4）固定資産の取得代金などの営業取引外で生じた手形債務のうち、決
> 　算日（貸借対照表日）の翌日から1年以内に期限が到来しないもの
> 　は、固定負債に区分される。

### ・解説と解答・

1）不適切である。貸倒引当金は、貸倒引当金の対象となる金銭債権の区分に
　応じ、流動資産、固定資産または繰延資産の控除項目として計上される
　（会社計算規則78条）。
2）適切である（会社計算規則75条2項1号ヌ）。長期借入金のうち、決算日
　（貸借対照表日）の翌日から1年以内に返済期日の到来する金額分は流動
　負債に属し、短期借入金（または1年以内返済長期借入金）として計上す
　る。これを「1年基準（ワンイヤー・ルール）」という。ただし、返済期
　日が1年以内に到来する長期借入金であっても重要性の乏しいものであれ
　ば場合、固定負債として表示することができると定められている（企業会
　計原則注解1(5)）。
3）適切である（会社計算規則74条3項1号ロ）。決算日（貸借対照表日）の
　翌日から1年以内に期限が到来しない受取手形であっても、正常な営業循
　環過程にあるものは、流動資産に属する。これを「営業循環基準」とい
　う。なお、不渡となり営業循環過程から外れたものは1年基準の適用を受
　けるため、決算日（貸借対照表日）の翌日から1年以内に回収されないこ
　とが明らかなものは、固定資産たる投資その他の資産に属する不渡手形
　（または破産更生債権等）として表示する。

4）適切である。原材料の代金・外注加工費・商品仕入れ代金など営業取引上
生じた手形債務は、営業循環基準により流動負債に計上されるが、固定資
産の取得代金など営業取引外で生じた手形債務は、1 年基準の適用を受け
る。

正解　1）

## 4 − 10　貸借対照表に計上される流動資産

> 《問》次のうち、賃借対照表において流動資産に計上するものとして、最
> も不適切なものはどれか。
> 1）決算日（貸借対照表日）の翌日から 3 カ月後に満期が到来する、満
> 　　期保有目的の債券
> 2）未収収益
> 3）長期貸付金に対する貸倒引当金
> 4）売上代金として受領した先日付小切手

### ・解説と解答・

1）適切である。1 年基準（ワンイヤー・ルール）による。

2）適切である。未収収益は、一定の契約に従い、継続して役務の提供を行う
　場合、すでに提供した役務に対していまだその対価の支払を受けていない
　ものであり、流動資産に計上する（会社計算規則74条 3 項 1 号ヨ）。

3）不適切である。貸倒引当金の対象となる金銭債権が「固定資産の部」の
　「投資その他の資産」に計上されている場合、「投資その他の資産」の控除
　項目として計上される（会社計算規則78条）。

4）適切である。売上代金として受領した先日付小切手は、受取手形に含めら
　れる。

正解　3）

## 4−11　貸借対照表における勘定科目

《問》次のうち、勘定科目とその貸借対照表に記載される区分の組合せとして、最も不適切なものはどれか。
1）仕掛品……………………………………流動資産
2）未払費用…………………………………流動負債
3）新株予約権………………………………繰延資産
4）退職給付引当金…………………………固定負債

### 解説と解答

1）適切である。仕掛品は、棚卸資産に含まれ、流動資産に区分される（会社計算規則74条3項1号ル）。なお、仕掛中であるが中間製品として他に販売することも可能な棚卸資産を半製品といい、半製品も流動資産に区分される（同号リ）。

2）適切である。未払費用は、一定の契約に従って継続して役務の提供を受ける場合、すでに提供された役務に対していまだ代金を支払っていないものをいい、流動負債に区分される（会社計算規則75条2項1号ヘ）。

3）不適切である。新株予約権は、株式会社に対して行使することにより当該株式会社の株式の交付を受けることができる権利をいい、その発行に伴う払込金額を純資産の部に計上する（会社計算規則76条1項2号ニ）。なお、繰延資産は、資産の部に計上される（会社計算規則74条1項3号）。

4）適切である。退職給付引当金とは、従業員が将来退職した時に支払義務が発生する退職金の支払に備え、退職給付に係る会計基準に従って計上する引当金であり、固定負債として計上される（会社計算規則75条2項2号ニ、財務諸表等規則ガイドライン52−1−6）。

正解　3）

## 4 -12　貸借対照表に計上される有形固定資産

《問》次のうち、有形固定資産に区分されるべきものとして、最も適切な
　　ものはどれか。
　1）販売目的で所有している不動産
　2）建設仮勘定
　3）事業目的以外の投資目的で保有している不動産
　4）借地権

### 解説と解答

　有形固定資産は、事業の用に供するもので、財物として存在しているものを
いう。
1）不適切である。販売目的で所有している不動産は、棚卸資産に計上する
　　（会社計算規則74条3項1号ト）。
2）適切である。建設仮勘定とは、建設中の工場の建物や機械設備などに投入
　　された費用を一時的に処理する勘定であり、有形固定資産に区分される
　　（会社計算規則74条3項2号リ）。完成後は、それぞれの本勘定（土地、建
　　物、機械など）へ振り替えられる。
3）不適切である。事業目的以外の投資目的で保有している不動産は、投資そ
　　の他の資産に計上する。
4）不適切である。借地権（地上権を含む）は、無形固定資産に区分される
　　（会社計算規則74条3項3号ロ）。

正解　2）

## 4−13　損益計算書（P/L）（1）

《問》次のうち、費用項目とその損益計算書に計上される区分の組合せと
　　して、最も適切なものはどれか。
　1）工場建物の減価償却費……売上原価
　2）労務費………………………販売費及び一般管理費
　3）役員賞与……………………営業外費用
　4）固定資産税…………………法人税等

### 解説と解答

1）適切である。販売および一般管理部門の減価償却費は、販売費及び一般管
　理費に計上されるが、工場建物の減価償却費は当期総製造費用に含まれ、
　売上原価に計上される。
2）不適切である。労務費は、製品の製造に要した労働力にかかる費用である
　ため、当期総製造費用に含まれ、売上原価に計上される。
3）不適切である。役員賞与は、販売費及び一般管理費に計上される。
4）不適切である。法人税等とは、法人税、住民税および事業税（利益に関連
　する金額を課税標準として課される事業税）を指す（財務諸表等規則95条
　の5）。一方、固定資産税は、工場・機械設備・工具備品等に対するもの
　は売上原価、製品製造と直接関わりのない本社社屋や店舗等に対するもの
　は販売費及び一般管理費に計上される。

正解　1）

## 4−14　損益計算書（P/L）（2）

《問》損益計算書などに関する次の記述のうち、最も不適切なものはどれか。

1）営業損益とは、売上高から売上原価、販売費及び一般管理費を控除したものであり、本業の収益力を示し、取り扱う製品・商品の競争力および販売・管理の能力を反映している。
2）製造原価には、材料費、労務費、外注加工費などが含まれるが、工場の減価償却費は含まれない。
3）営業外収益には受取利息・仕入割引などが含まれ、営業外費用には支払利息などが含まれることから、営業外収支は財務体質の良否を反映しているといえる。
4）固定資産売却損益や災害による損失などの臨時的・偶発的に発生した収益・費用は、それぞれ特別利益・特別損失に計上する。

### 解説と解答

1）適切である。「営業損益＝売上高−売上原価−販売費及び一般管理費」である（会社計算規則89条、90条、財務諸表等規則83条、89条）。営業損益は、本業の収益力を示し、取り扱う製品・商品の競争力および販売・管理の能力を反映している。

2）不適切である。製造原価は、材料費、労務費、および経費に区分され、工場などの生産部門の減価償却費、外注加工費、修繕費、電力費などが経費に含まれる。製造業の場合、「売上原価＝期首製品棚卸高＋当期製品製造原価−期末製品棚卸高」であり、工場の減価償却費は、損益計算書上では売上原価に反映される。なお、販売および一般管理部門関係の減価償却費は、販売費及び一般管理費に計上される。

3）適切である。仕入割引とは、支払期日前の仕入代金の決済に伴う支払期日短縮による掛取引の利息分免除に相当する金融損益的な性質のものであり、受取利息・支払利息などと同様に、企業の資金余力を反映するものといえる。したがって、営業外収益・営業外費用を加味して算出される経常損益は、本業の収益力に加え、財務体質の良否を反映しているといえる。

4）適切である（会社計算規則88条2項、3項、4項、財務諸表等規則95条の2、95条の3）。

正解　2）

## 4-15　定率法による減価償却

《問》2012年4月1日以降に取得した減価償却資産（耐用年数20年）に適
　　用される定率法の償却率として、次のうち最も適切なものはどれ
　　か。
1）0.050
2）0.100
3）0.200
4）0.250

### ・解説と解答・

　2012年4月1日以降に取得した減価償却資産について適用される定率法の償
却率は、定額法の償却率を2倍した数である（2012年3月31日以前に取得した
減価償却資産については2.5倍）。定額法の償却率は「1／耐用年数」である。
　したがって、当該減価償却資産に適用される償却率は0.100（＝（1／20）
×2）である。

正解　2）

142

## 4 −16　当期総製造費用等の算出

《問》下記〈資料〉から算出される製造業者Ａ社の当期売上原価等に関する次の数値のうち、最も不適切なものはどれか。

〈資料〉　　　　（単位：百万円）

| 当期材料仕入高 | 38 |
| 当期労務費 | 27 |
| 当期製造経費 | 15 |

（単位：百万円）

| | 期首 | 期末 |
|---|---|---|
| 材料棚卸高 | 7 | 5 |
| 仕掛品棚卸高 | 5 | 8 |
| 製品棚卸高 | 11 | 7 |

1）当期材料費……………40百万円
2）当期総製造費用…………82百万円
3）当期製品製造原価………79百万円
4）売上原価………………75百万円

### ・解説と解答・

1）適切である。「当期材料費＝期首材料棚卸高＋当期材料仕入高－期末材料棚卸高」で算出され、40（百万円）（＝7＋38－5）である。

2）適切である。「当期総製造費用＝当期材料費＋当期労務費＋当期製造経費」で算出され、82（百万円）（＝40＋27＋15）である。

3）適切である。「当期製品製造原価＝期首仕掛品棚卸高＋当期総製造費用－期末仕掛品棚卸高」で算出され、79（百万円）（＝5＋82－8）である。

4）不適切である。「売上原価＝期首製品棚卸高＋当期製品製造原価－期末製品棚卸高」で算出され、83（百万円）（＝11＋79－7）である。

正解　4）

## 4 −17　資金繰り表

《問》Ａ社の当期11月、12月の資金繰り表は下記の〈資料〉のとおりである。Ａ社の資金繰り状況に関する次の記述のうち、最も不適切なものはどれか。

〈資料〉　　　　　　　　　　　　　　　　　　　　　　　（単位：百万円）

| | | 11月 | 12月 |
|---|---|---|---|
| 前月繰越 | | 82 | 132 |
| 収入 | 売掛金現金回収 | 248 | 243 |
| | （売掛金手形回収） | (152) | (162) |
| | 手形期日落 | 128 | 132 |
| | 手形割引 | 81 | 84 |
| | （割引手形落込） | (68) | (64) |
| | 計 | 457 | 459 |
| 支出 | 買掛金現金支払 | 202 | 225 |
| | （買掛金手形支払） | (113) | (106) |
| | 手形決済 | 105 | 102 |
| | 人件費 | 60 | 72 |
| | 諸経費 | 50 | 54 |
| | 設備支出 | 40 | 32 |
| | 計 | 457 | 485 |
| 差引過不足 | | 82 | 106 |
| 財務収支 | 借入金 | 80 | 100 |
| | 借入金返済 | 30 | 30 |
| 翌月繰越 | | 132 | 176 |

　1 ）12月における売掛金の手形回収割合は、11月から 2 ％増加した。

144

2）支払手形残高は、10月から11月にかけての増加額よりも、11月から12月にかけての増加額のほうが大きい。

3）12月末における手形割引残高は、10月末と比較して33百万円増加している。

4）10月末の借入残高が60百万円であった場合、12月末の借入残高は180百万円である。

### ● 解説と解答 ●

1）適切である。売掛金の手形回収割合は「売掛金手形回収高÷（売掛金現金回収高＋売掛金手形回収高）×100％」で算出され、11月の手形回収割合は38％（＝152÷（248＋152）×100％）、12月は40％（＝162÷（243＋162）×100％）であるため、12月における売掛金の手形回収割合は11月から2％（＝40％－38％）増加している。手形回収割合に変化がみられる場合、手形の利用頻度の増減や取引条件の変更などの要因を確認し、資金繰りの状況に変化がないか確認することが望ましい。

2）不適切である。11月の支払手形残高の増加額は、買掛金手形支払高（手形振出高）と手形決済高の差であることから、8（百万円）（＝113－105）であるのに対し、12月の支払手形残高の増加額は、4（百万円）（＝106－102）であるであることから、10月から11月にかけての支払手形残高の増加額のほうが大きい。

3）適切である。11月と12月の手形割引残高がそれぞれ81百万円、84百万円であったのに対して、割引手形落込高（手形割引のうち、借入金に充当された金額）はそれぞれ68百万円、64百万円であったので、12月末における手形割引残高は、10月末の手形割引残高と比較して、33（百万円）（＝81－68＋84－64）増加している。

4）適切である。11月と12月の借入金合計額は180（百万円）（＝80＋100）であり、借入金返済合計額は60（百万円）（＝30＋30）である。したがって、10月末の借入残高が60百万円の場合、12月末の借入残高は、180（百万円）（＝60＋180－60）である。

正解　2）

## 4 -18　資金移動表

《問》資金移動表における経常収支に影響を及ぼす要因として、次のうち
　　　最も不適切なものはどれか。
　1）経常利益の増加
　2）法人税等支払額の減少
　3）棚卸資産の減少
　4）仕入債務の増加

### ●解説と解答●

　資金移動表では、資金の流れは、経常収支・設備関係収支・決算収支および
財務収支に大別される。このなかで経常収支は、損益計算書の経常利益に運転
資金の変動や非現金支出費用などを加減して算出される。固定資産の増減、法
人税等や配当金の支払額、借入金の増減などは、いずれも経常外収支であり、
それぞれ設備関係等収支、決算収支、財務収支に区分される。

<u>正解　2）</u>

## 4－19　キャッシュフローの増加要因

《問》フリーキャッシュフローの増加要因として、次のうち最も不適切な
　　ものはどれか。
　1）法人税等支払額の減少
　2）運転資本の減少
　3）償却・利払・税引前利益（EBITDA）の増加
　4）設備投資の増加

### ・解説と解答・

　フリーキャッシュフローは、その会社が本来の事業活動によって生み出す
キャッシュフローのことをいい、下記の通り算出される。
①「フリーキャッシュフロー＝キャッシュフロー計算書上の営業活動による
　キャッシュフロー＋キャッシュフロー計算書上の投資活動によるキャッシュ
　フロー」
　または
②「フリーキャッシュフロー＝償却・利払・税引前利益（EBITDA）－法人
　税等支払額－設備投資±運転資本の増減※」
※運転資本が増加した場合は減算（－）、運転資本が減少した場合は加算（＋）
　する。
　したがって、
1）適切である。
2）適切である。
3）適切である。
4）不適切である。設備投資が増加すると、上式②の右辺は減少することとな
　るため、フリーキャッシュフローの減少要因である。

正解　4）

## 4－20　収益性分析（1）

《問》A社とB社の当期の売上高および当期純利益、ならびに総資産および自己資本の当期の期首・期末平均の額は下記の〈資料〉のとおりである。両社の収益性に関する記述として、次のうち最も適切なものはどれか。

〈資料〉　　　　　　　　　　（単位：百万円）

|  | A社 | B社 |
|---|---|---|
| 売上高 | 250 | 850 |
| 当期純利益 | 10 | 51 |
| 総資産 | 200 | 500 |
| 自己資本 | 40 | 255 |

1）売上高当期純利益率、総資産回転率および自己資本当期純利益率は、いずれもA社のほうがB社より高い。
2）売上高当期純利益率および総資産回転率はともにB社のほうがA社より高いが、自己資本当期純利益率はA社のほうがB社より高い。
3）売上高当期純利益率および自己資本当期純利益率はともにB社のほうがA社より高いが、総資産回転率はA社のほうがB社より高い。
4）売上高当期純利益率はB社のほうがA社より高いが、総資産回転率および自己資本当期純利益率はともにA社のほうがB社より高い。

### ・解説と解答・

1）不適切である。
2）適切である。
3）不適切である。
4）不適切である。
　「売上高当期純利益率＝当期純利益÷売上高×100％」、「総資産回転率＝売上高÷総資産」、「自己資本当期純利益率＝当期純利益÷自己資本×100％」であり、A社およびB社の売上高当期純利益率、総資産回転率、自己資本当期純利

益率は下表のとおりである。

| | A社 | B社 | |
|---|---|---|---|
| 売上高当期純利益率（%） | 4.0<br>（＝10÷250×100%） | 6.0<br>（＝51÷850×100%） | B社のほうが<br>A社より高い |
| 総資産回転率（回） | 1.25<br>（＝250÷200） | 1.70<br>（＝850÷500） | B社のほうが<br>A社より高い |
| 自己資本当期純利益率（%） | 25.0<br>（＝10÷40×100%） | 20.0<br>（＝51÷255×100%） | A社のほうが<br>B社より高い |

　したがって、売上高当期純利益率および総資産回転率はともにB社のほうがA社より高いが、自己資本当期純利益率はA社のほうがB社より高い。

　なお、「総資産経常利益率＝売上高経常利益率×総資産回転率」であるから、売上高経常利益率と総資産回転率がともに比較対象より高ければ（低ければ）、総資産経常利益率は比較対象より高くなる（低くなる）が、

$$\text{「自己資本当期純利益率} = \frac{\text{当期純利益}}{\text{自己資本}}$$

$$= \frac{\text{当期純利益}}{\text{売上高}} \times \frac{\text{売上高}}{\text{総資産}} \times \frac{\text{総資産}}{\text{自己資本}}$$

$$= \text{売上高当期純利益率} \times \text{総資産回転率} \times \text{財務レバレッジ」}$$

であるため、売上高当期純利益率と総資産回転率がともに比較対象より高く（低く）とも、自己資本当期純利益率が必ず比較対象より高く（低く）なるとは限らない。

正解　2）

## 4－21　収益性分析（2）

《問》A社の前期、当期の収益性に関する情報は下記の〈資料〉のとおりである。A社の前期から当期にかけての収益性の変化に関する記述として、次のうち最も適切なものはどれか。

〈資料〉

|  | 前期 | 当期 |
|---|---|---|
| 売上債権回転期間（月） | 1.1 | 1.1 |
| 棚卸資産回転期間（月） | 1.5 | 1.5 |
| その他流動資産回転期間（月） | 0.6 | 0.8 |
| 固定資産回転期間（月） | 4.8 | 6.6 |
| 総資産回転期間（月） | 8.0 | 10.0 |
| 売上高経常利益率（％） | 7.0 | 7.5 |

1）総資産回転率の好転と、売上高経常利益率の上昇により、総資産経常利益率は好転した。
2）総資産回転率の好転と、売上高経常利益率の上昇にもかかわらず、総資産経常利益率は悪化した。
3）総資産回転率が悪化したため、売上高経常利益率が上昇したにもかかわらず、総資産経常利益率は悪化した。
4）総資産回転率は悪化したが、売上高経常利益率の上昇により、総資産経常利益率は好転した。

### ・解説と解答・

1）不適切である。
2）不適切である。
3）適切である。
4）不適切である。

　前期から当期にかけては、売上債権回転期間および棚卸資産回転期間は不変であったが、その他流動資産回転期間、固定資産回転期間がそれぞれ0.2（月）

（＝0.8－0.6)、1.8（月）（＝6.6－4.8）長期化（悪化）した。すなわち、総資産回転期間は悪化し、「総資産回転率＝12÷総資産回転期間（月）」で算出される総資産回転率は1.5（回）（＝12÷8.0）から1.2（回）（＝12÷10.0）へ低下（悪化）した。

「総資産経常利益率＝売上高経常利益率×総資産回転率」であり、A社の総資産経常利益率は、前期の10.5（％）（＝7.0×1.5）から9.0（％）（＝7.5×1.2）へ低下（悪化）した。

以上より、前期および当期の収益性に関する各種指標の変化をまとめると下表のとおりである。

|  | 前期 | 当期 |  |
|---|---|---|---|
| 売上債権回転期間（月） | 1.1 | 1.1 | 変わらず |
| 棚卸資産回転期間（月） | 1.5 | 1.5 | 変わらず |
| 固定資産回転期間（月） | 4.8 | 6.6 | 悪化 |
| 総資産回転率（回） | 1.5 | 1.2 | 悪化 |
| 売上高経常利益率（％） | 7.0 | 7.5 | 好転 |
| 総資産経常利益率（％） | 10.5 | 9.0 | 悪化 |

総資産回転率が悪化していることから、売上高経常利益率が上昇したにもかかわらず、総資産経常利益率は悪化していることが読み取れる。

正解　3）

## 4−22　安全性分析（1）

《問》安全性の指標に関する次の記述のうち、最も不適切なものはどれか。

1）現金・預金で長期借入金を返済した場合、固定長期適合率は悪化する。

2）負債比率とは、総資産に対する負債の割合であり、資本構成の安定性を見る指標である。

3）流動比率が目安とされる120％を超えていても、当座比率が50％を割っていれば短期の支払能力には懸念が残る。

4）固定比率が100％を超えていても、固定長期適合率が100％以下であれば、資金の安定性に大きな懸念があるとは必ずしもいえない。

### ・解説と解答・

1）適切である。「固定長期適合率＝固定資産÷（自己資本＋固定負債）×100％」で算出される。現金・預金で長期借入金を返済した場合、固定資産および自己資本は変わらず、固定負債は減少するため、固定長期適合率は上昇（悪化）する。

2）不適切である。「負債比率＝負債÷自己資本×100％」で算出され、総資産ではなく自己資本に対する負債の割合を示す値である。負債比率は、一般に100％以下であることが望ましい。

3）適切である。「流動比率＝流動資産÷流動負債×100％」、「当座比率＝当座資産÷流動負債×100％」で算出される。流動比率が高い場合でも、流動資産の多くを棚卸資産が占め、当座資産が少ない場合には、短期の支払い能力が高いとは必ずしもいえない。

4）適切である。「固定比率＝固定資産÷自己資本×100％」で算出される。固定比率が100％を超え、固定資産が自己資本によって賄われていなくとも、返済までの期間が長く安定的な社債や長期借入金などの固定負債を加味した固定長期適合率が100％以下であれば、資金の安全性に大きな懸念がある可能性は低くなる。

正解　2）

## 4－23　安全性分析（2）

《問》安全性の指標に関する次の記述のうち、最も不適切なものはどれ
か。
1）固定資産が自己資本によって賄われているかどうかは、流動比率だ
けでは判断できない。
2）繰延資産を有していない企業の流動比率が100％を下回っている場
合、固定資産の一部が流動負債によって賄われていることを意味す
る。
3）当座比率の算出にあたっては、受取手形の不渡分や売掛金の焦付き
分を控除する必要はない。
4）固定比率とは、固定資産への資本投下の妥当性を検討し、長期的な
資金の安定性を見るための指標である。

### ・解説と解答・

1）適切である。固定資産が自己資本によって賄われているかどうかをみる指
標は固定比率であり、流動比率のみでは、固定比率を算出することはでき
ない。
2）適切である。流動比率が100％を下回っているということは、流動負債の
一部が流動資産以外の資産を賄っていることを意味するが、繰延資産を有
していない企業の場合、それは、流動負債の一部が固定資産を賄っている
ことと同等である。
3）不適切である。当座比率の算出は企業の実質的な支払能力の測定が目的で
あるから、不渡手形や不良債権は控除する必要がある。
4）適切である。固定比率とは、固定資産を自己資本（株主資本とする場合も
ある）でどの程度調達しているか、固定資産への資本投下の妥当性を検討
し、長期的な資金の安全性をみる指標である。固定比率は100％以下（固
定資産が自己資本によって賄われている状態）が望ましいとされている
が、一般には設備投資などが自己資本では賄いきれず、長期借入金などに
依存することが多いため、業界平均値程度かどうかが安全性の目安とな
る。

正解　3）

## 4－24　損益分岐点（比率）（1）

《問》下記の〈資料〉から判断できるＡ社の収益構造に関する記述として、次のうち最も不適切なものはどれか。なお、計算結果に端数が生じる場合は、％未満または百万円未満を四捨五入すること。

〈資料〉（単位：百万円）

|  | A社 |
|---|---|
| 売上高 | 450 |
| 固定費 | 147 |
| 変動費 | 261 |

1）変動費率は58％である。
2）限界利益率は42％である。
3）損益分岐点売上高は350百万円である。
4）損益分岐点比率は22％である。

### ・解説と解答・

1）適切である。売上高に対する変動費の割合を変動費率という。
　　変動費率＝変動費÷売上高×100％＝261÷450×100％＝58％
2）適切である。売上高から変動費を差し引いたものを限界利益といい、売上高に対する限界利益の割合を限界利益率という。
　　限界利益＝売上高－変動費＝450－261＝189（百万円）
　　限界利益率＝限界利益÷売上高×100％＝189÷450×100％＝42％
3）適切である。損益分岐点売上高は、固定費を限界利益率で除して求められる。
　　損益分岐点売上高＝固定費÷限界利益率＝147÷42％＝350（百万円）
4）不適切である。損益分岐点売上高の実際の売上高に対する割合を、損益分岐点比率という。
　　損益分岐点比率＝損益分岐点売上高÷売上高×100％
　　　　　　　　　＝350÷450×100％≒78％

<u>正解　4）</u>

## 4－25 損益分岐点（比率）（2）

《問》A社の前期と当期（見込み）の収益構造は下記の〈資料〉のとおりである。当期のA社の損益と損益分岐点売上高の予想額の組合せとして、次のうち最も適切なものはどれか。なお、計算結果に端数が生じる場合は、百万円未満を四捨五入し、百万円単位で示してある。

〈資料〉　　　　　　　　　　　　　　　　　　（単位：百万円）

|  | 前期 | 当期（見込み） |
|---|---|---|
| 売上高 | 150 | 売上高は前期比2割増加 |
| 固定費 | 45 | 固定費は前期比9百万円増加 |
| 変動費 | 84 | 限界利益率は前期比2ポイント改善 |

　1）利益　21百万円、損益分岐点売上高　102百万円
　2）利益　29百万円、損益分岐点売上高　117百万円
　3）利益　22百万円、損益分岐点売上高　129百万円
　4）利益　38百万円、損益分岐点売上高　 98百万円

● 解説と解答 ●

①損益と各項目の関係は、次の式で表される。
「損益＝売上高－変動費－固定費＝限界利益－固定費」
　また、損益分岐点売上高は次の式で表される。
「損益分岐点売上高＝固定費÷限界利益率」
②当期の売上高
　当期の売上高は、前期比2割の増加であることから、
当期の売上高＝150×1.2＝180（百万円）
③当期の固定費
　当期の固定費は、前期比9百万円増加であることから、
当期の固定費＝45＋9＝54（百万円）

④当期限界利益率

　当期の限界利益率は前期比 2 ポイント増加であることから、

前期の限界利益率＝（前期の売上高－前期の変動費）÷前期の売上高×100%

$$= (150 - 84) ÷ 150 × 100\% = 44\%$$

当期の限界利益率＝44＋2 ＝46%

⑤当期の利益および損益分岐点売上高の計算

　以上①～④より、

当期の利益＝（売上高×限界利益率）－固定費

$$= (180 × 46\%) - 54 ≒ 29（百万円）$$

　また、

当期の損益分岐点売上高＝固定費÷限界利益率＝54÷46% ≒ 117（百万円）

**正解　2）**

156

## 4－26　生産性分析（1）

《問》生産性分析に関する次の記述のうち、最も不適切なものはどれか。
1) 労働生産性とは、従業員1人当りの付加価値額をいい、付加価値率、労働装備率、有形固定資産回転率の積として表すことができる。
2) 付加価値額が減少することは、経常利益が減少することを必ずしも意味しない。
3) 設備投資効率が低下すれば、労働生産性は低下する。
4) 労働分配率は付加価値額に対する人件費の割合であり、人件費の適正基準を把握し、経営状況を判断するための指標である。

### ・解説と解答・

1) 適切である。「労働生産性＝付加価値額÷従業員数＝付加価値率×従業員1人当り売上高＝付加価値率×労働装備率×有形固定資産回転率」で表すことができる。
2) 適切である。付加価値額は、売上高から原材料費等の外部購入価値を控除したものであり、付加価値額が減少しても、人件費、減価償却費、金融費用などが減少していれば、経常利益が減少するとは限らない。
3) 不適切である。労働生産性は、労働装備率と設備投資効率の積としても表される。設備投資効率が低下しても、労働装備率が上昇していれば、労働生産性は必ずしも低下しない。
4) 適切である。労働分配率は、付加価値額のうち、その創出に参加した労働力にどの程度分配されているかをみる指標であり、「労働分配率＝人件費÷付加価値額×100％」で表すことができる。通常人件費が占める割合が最も高いので、経営状況を判断するための重要な指標である。

正解　3)

## 4－27　生産性分析（2）

《問》下記の〈資料〉から判断できるA社とB社の生産性に関する次の記述のうち、最も不適切なものはどれか。

〈資料〉

|  | A社 | B社 |
|---|---|---|
| 売上高（百万円） | 2,000 | 2,400 |
| 付加価値額（百万円） | 500 | 900 |
| 経常利益（百万円） | 100 | 72 |
| 有形固定資産（百万円） | 250 | 750 |
| 人件費（百万円） | 250 | 540 |
| 1人当り売上高（百万円） | 40 | 24 |
| 従業員数（人） | 50 | 100 |

1）労働装備率はB社のほうが高いが、設備投資効率はA社のほうが高い。
2）労働分配率はB社のほうが高い。
3）付加価値率はB社のほうが高いが、経常利益率はA社のほうが高い。
4）労働生産性はB社のほうが高い。

• 解説と解答 •

1）適切である。「労働装備率＝有形固定資産÷従業員数」であり、A社：5.0（百万円）（＝250÷50）、B社：7.5（百万円）（＝750÷100）となる。また、「設備投資効率＝付加価値額÷有形固定資産×100％」であり、A社：200％（＝500÷250×100％）、B社：120％（＝900÷750×100％）となる。

2）適切である。「労働分配率＝人件費÷付加価値額×100％」であり、A社：50％（＝250÷500×100％）、B社：60％（＝540÷900×100％）となる。

3）適切である。「付加価値率＝付加価値額÷売上高×100％」であり、A社：

25.0％（＝500÷2,000×100％）、B社：37.5％（＝900÷2,400×100％）となる。

　また、「経常利益率＝経常利益÷売上高×100％」であり、A社：5.0％（＝100÷2,000×100％）、B社：3.0％（＝72÷2,400×100％）となる。付加価値額は、売上から原材料費等の外部購入価値を控除したものであり、人件費、減価償却費、金融費用などは控除されておらず、付加価値率が高くとも収益性が高いとは必ずしもいえない。

4）不適切である。「労働生産性＝付加価値額÷従業員数」であり、A社：10.0（百万円）（＝500÷50）、B社：9.0（百万円）（＝900÷100）と、A社のほうが高い。

　なお、「労働生産性＝従業員1人当り売上高×付加価値率」または「労働生産性＝労働装備率×設備投資効率」とも表すことができるが、上記1）・3）の解説で示した数値から、設備投資効率や従業員1人当り売上高でA社に劣後していることが、B社の労働生産性がA社より劣後している背景であるといえる。

正解　4）

## 4－28　資金使途分析・返済原資の検討

《問》種々の資金需要に関する次の記述のうち、最も適切なものはどれか。

1）経常運転資金は、営業資金循環のなかで回収される資金により短期間で返済される性格のものであることから、毎年度の利益により分割返済する長期借入金として調達するよりも、短期間の借換えにより調達するのが望ましい。

2）設備資金などの長期借入金の収益弁済（利益償還）の返済原資は、税引前当期純利益から決算流出を減じることにより算出される。

3）減産資金は、生産計画と販売計画の見通しが狂うことなどにより生産量を減らさざるを得ない場合に、在庫の増加や固定費の支払などにより生じた資金不足に対応するものであり、経営状況が改善されなければ返済が困難な資金である。

4）季節資金とは、法人税等の納税や配当金の支払を行うための臨時的な運転資金である。

### ・解説と解答・

1）不適切である。経常運転資金は、繰り返し借入需要が発生する性格のものであり、短期間の借換えで調達するのが一般的であるが、経営の安定化のためには、自己資金による調達や毎年度の利益により分割返済する長期借入金としての調達が本来は望ましい。

2）不適切である。収益弁済（利益償還）の返済原資は、税引前当期純利益に減価償却費と留保性引当金純増額を加え、決算流出を減じることにより算出される。

3）適切である。減産資金は、経営状況が改善されなければ返済困難な資金であり、減産資金が申し込まれたときは、減産を解消するための経営改善計画の妥当性や実現可能性について検討することが肝要である。

4）不適切である。季節資金とは、取扱商品の季節性によって要費時期（借入時期）と資金余裕時期（返済時期）が毎年同じパターンで表れるものをいう。本肢は、決算資金の説明である。

正解　3）

## 4－29　償還年数の算出

《問》A社は、能力増強を目的に機械設備を購入することを決定し、その資金として140百万円の借入れを行った。導入設備は当期期首に稼働開始するものとし、設備稼働後の収益その他の年額の見通しは下記の〈資料〉に示される数値で一定である（来期以降に追加的な設備投資はしない）とした場合、A社が設備借入金140百万円を完済するのに必要な年数として、次のうち最も適切なものはどれか。

〈資料〉　　　　　　　　　　　（単位：百万円）

| 税引前当期純利益 | 86 |
|---|---|
| 減価償却費・留保性引当金純増額 | 22 |
| 決算流出（法人税等、配当金） | 38 |
| 既存長期借入金返済額 | 35 |

1）2年
2）3年
3）4年
4）5年

### ●解説と解答●

　設備資金などの長期借入金の収益弁済（利益償還）の返済原資は、税引前当期純利益に減価償却費と留保性引当金純増額を加え、決算流出（法人税等、配当金）を減じることにより算出される。また、設備借入金の回収期間を算定するにあたっては、当該借入金のみならず、既往の長期借入金・社債や、設備支払手形などの返済額・支払額も考慮する必要がある。

　したがって、

回収年数＝借入金額÷（返済原資－既存長期借入金返済額）

　　　　＝140÷｛（86＋22－38）－35｝＝140÷35＝4　（年）

正解　3）

## 4 - 30　運転資金（1）

《問》下記の〈資料〉（A社の前期における指標）について、A社の売上
　　高が前期の1,000百万円から当期の1,144百万円に増加した場合、当
　　期の所要運転資金の増加額として、次のうち最も適切なものはどれ
　　か。なお、運転資金に関連する資産・負債の回転期間は前期から変
　　化しないものとする。

〈資料〉　　　　　（単位：月）

| | |
|---|---|
| 現金・預金回転期間 | 0.7 |
| 売上債権回転期間 | 1.4 |
| 棚卸資産回転期間 | 1.7 |
| 固定資産回転期間 | 4.8 |
| 仕入債務回転期間 | 1.3 |
| 借入債務回転期間 | 2.2 |

1）3.6百万円
2）21.6百万円
3）30.0百万円
4）52.8百万円

### ・解説と解答・

　所要運転資金は次のように算出される。
所要運転資金＝売上債権残高＋棚卸資産残高－仕入債務残高
　　　　　　＝（売上債権回転期間＋棚卸資産回転期間
　　　　　　　－仕入債務回転期間）×平均月商
　　　　　　＝収支差×平均月商

　また、所要運転資金の増加額は次のように算出される。
所要運転資金の増加額＝当期の所要運転資金－前期の所要運転資金

$$= （当期の収支差×当期の平均月商）$$
$$-（前期の収支差×前期の平均月商）$$

　売上債権・棚卸資産・仕入債務の回転期間が不変である（収支差が不変である）ときは、

所要運転資金の増加額＝収支差×平均月商の増加額となる。

　したがって、

$$所要運転資金の増加額＝（1.4＋1.7－1.3）×｛（1,144－1,000）÷12｝$$
$$＝1.8×12$$
$$＝21.6（百万円）$$

<u>正解　2）</u>

## 4 −31　運転資金（2）

《問》下記の〈資料〉から判断できるＡ社の当期の所要運転資金の増加額
として、次のうち最も適切なものはどれか。

〈資料〉　　　　　　　　　　　　　　　　　　（単位：百万円）

| | | | |
|---|---|---|---|
| 前期平均月商 | 45 | 当期平均月商見込 | 55 |
| 前期末受取手形 | 27 | 前期末棚卸資産 | 108 |
| 前期末売掛金 | 45 | 前期末仕入債務 | 99 |
| 前期末受取手形割引高 | 9 | | |

※当期の売上債権回転期間は、前期から変化しない見込みである。
※当期末の棚卸資産は、前期末より35百万円増加する見込みである。
※当期の仕入債務回転期間は、前期から0.2カ月短期化する見込みである。

1）20百万円
2）31百万円
3）40百万円
4）42百万円

### ・解説と解答・

①所要運転資金は、次のように求められる。
・所要運転資金＝売上債権残高＋棚卸資産残高−仕入債務残高
　　　　　　　＝（売上債権回転期間＋棚卸資産回転期間−仕入債務回転期
　　　　　　　　間）×平均月商
　なお、所要運転資金の算出には、割引手形を含めることから、
・売上債権＝受取手形＋売掛金＋受取手形割引額
②当期の売上債権、棚卸資産、仕入債務
・当期の売上債権回転期間＝前期の売上債権回転期間
　　　　　　　　　　　　＝（前期末受取手形＋前期末売掛金＋前期末受取手
　　　　　　　　　　　　　形割引高）÷前期平均月商
　　　　　　　　　　　　＝81÷45

$$= 1.8 \ (月)$$

・当期末の売上債権＝当期の売上債権回転期間×当期平均月商見込

$$= 1.8 \times 55$$

$$= 99 \ (百万円)$$

・当期末の棚卸資産＝前期末棚卸資産＋35（百万円）

$$= 108 + 35$$

$$= 143 \ (百万円)$$

・当期末の仕入債務＝当期の仕入債務回転期間×当期平均月商見込

$$= （前期末仕入債務÷前期平均月商－0.2月）×当期平均$$

月商見込

$$= （99 \div 45 - 0.2） \times 55$$

$$= 2.0 \times 55$$

$$= 110 \ (百万円)$$

③所要運転資金増加額の計算

・前期の所要運転資金＝（27＋45＋9）＋108－99

$$= 90 \ (百万円)$$

・当期の所要運転資金＝99＋143－110

$$= 132 \ (百万円)$$

　したがって、

・所要運転資金の増加額＝132－90

$$= 42 \ (百万円)$$

正解　4）

## 4-32　会計上の操作（1）

《問》次の会計処理のうち、経常利益の過大計上につながらないものはどれか。
1) 架空売上を計上した。
2) 仮払金勘定の費用勘定への振替を行わなかった。
3) 修繕費に計上すべき経費を固定資産に計上した。
4) 未収収益の計上を取りやめた。

### ・解説と解答・

1) 過大計上につながる。「経常利益＝経常収益－経常費用」で算出されるが、架空売上を計上すると売上高と売掛金が増加し、当期の経常収益は過大表示されるため、経常利益も過大計上される。
2) 過大計上につながる。仮払金勘定の費用勘定への振替を行わないと、当期の経常費用は過少表示されるため、経常利益は過大計上される。
3) 過大計上につながる。修繕費に計上すべき経費を固定資産に計上すると、当期の経常費用は過少表示されるため、経常利益は過大計上される。
4) 過大計上につながらない。未収収益の計上を取りやめると、収益の見越し（当期繰入）を取りやめることになり、当期の経常収益は過少表示されるため、経常利益も過少表示される。

<u>正解　4)</u>

## 4 −33　会計上の操作（2）

《問》次の会計処理のうち、経常利益の過大計上につながらないものはどれか。
1）　前払費用の計上取りやめ
2）　前受収益の計上取りやめ
3）　未払費用の計上取りやめ
4）　架空在庫の計上

### ● 解説と解答 ●

1）　過大計上につながらない。前払費用の計上を取りやめると、費用の繰延べを取りやめることになるため、当期の経常費用は過大表示され、経常利益は過少計上される。
2）　過大計上につながる。前受収益の計上を取りやめると、収益の繰延べを取りやめることになるため、当期の経常収益は過大表示され、経常利益も過大計上される。
3）　過大計上につながる。未払費用の計上を取りやめると、費用の見越し（当期繰入）を取りやめることになるため、当期の経常費用は過少表示され、経常利益は過大計上される。
4）　過大計上につながる。「売上原価＝期首商品棚卸高＋当期商品仕入高−期末商品棚卸高」（商業の場合）であるから、架空在庫を計上すると売上原価は減少することになるため、当期の経常費用は過少表示され、経常利益は過大計上される。

<u>正解　1）</u>

# 2024年度　金融業務能力検定・サステナビリティ検定

| 等級 | 試験種目 | | 受験予約開始日 | 配信開始日（通年実施） | 受験手数料（税込） |
|---|---|---|---|---|---|
| IV | 金融業務4級 実務コース | | 受付中 | 配信中 | 4,400 円 |
| III | 金融業務3級 預金コース | | 受付中 | 配信中 | 5,500 円 |
| | 金融業務3級 融資コース | | 受付中 | 配信中 | 5,500 円 |
| | 金融業務3級 法務コース | | 受付中 | 配信中 | 5,500 円 |
| | 金融業務3級 財務コース | | 受付中 | 配信中 | 5,500 円 |
| | 金融業務3級 税務コース | | 受付中 | 配信中 | 5,500 円 |
| | 金融業務3級 事業性評価コース | | 受付中 | 配信中 | 5,500 円 |
| | 金融業務3級 事業承継・M＆Aコース | | 受付中 | 配信中 | 5,500 円 |
| | 金融業務3級 リース取引コース | | 受付中 | 配信中 | 5,500 円 |
| | 金融業務3級 DX（デジタルトランスフォーメーション）コース | | 受付中 | 配信中 | 5,500 円 |
| | 金融業務3級 シニアライフ・相続コース | | 受付中 | 配信中 | 5,500 円 |
| | 金融業務3級 個人型DC（iDeCo）コース | | 受付中 | 配信中 | 5,500 円 |
| | 金融業務3級 シニア対応銀行実務コース | | 受付中 | 配信中 | 5,500 円 |
| | 金融業務3級 顧客本位の業務運営コース | | － | 上期配信 | 5,500 円 |
| II | 金融業務2級 預金コース | | 受付中 | 配信中 | 7,700 円 |
| | 金融業務2級 融資コース | | 受付中 | 配信中 | 7,700 円 |
| | 金融業務2級 法務コース | | 受付中 | 配信中 | 7,700 円 |
| | 金融業務2級 財務コース | | 受付中 | 配信中 | 7,700 円 |
| | 金融業務2級 税務コース | | 受付中 | 配信中 | 7,700 円 |
| | 金融業務2級 事業再生コース | | 受付中 | 配信中 | 11,000 円 |
| | 金融業務2級 事業承継・M＆Aコース | | 受付中 | 配信中 | 7,700 円 |
| | 金融業務2級 資産承継コース | | 受付中 | 配信中 | 7,700 円 |
| | 金融業務2級 ポートフォリオ・コンサルティングコース | | 受付中 | 配信中 | 7,700 円 |
| | DCプランナー2級 | | 受付中 | 配信中 | 7,700 円 |
| I | DCプランナー1級（※） | A分野（年金・退職給付制度等） | 受付中 | 配信中 | 5,500 円 |
| | | B分野（確定拠出年金制度） | 受付中 | 配信中 | 5,500 円 |
| | | C分野（老後資産形成マネジメント） | 受付中 | 配信中 | 5,500 円 |
| － | コンプライアンス・オフィサー・銀行コース | | 受付中 | 配信中 | 5,500 円 |
| | コンプライアンス・オフィサー・生命保険コース | | 受付中 | 配信中 | 5,500 円 |
| | 個人情報保護オフィサー・銀行コース | | 受付中 | 配信中 | 5,500 円 |
| | 個人情報保護オフィサー・生命保険コース | | 受付中 | 配信中 | 5,500 円 |
| | マイナンバー保護オフィサー | | 受付中 | 配信中 | 5,500 円 |
| | AML／CFTスタンダードコース | | 受付中 | 配信中 | 5,500 円 |
| | SDGs・ESGベーシック | | 受付中 | 配信中 | 4,400 円 |
| | サステナビリティ・オフィサー | | 受付中 | 配信中 | 6,050 円 |

※　DCプランナー1級は、A分野・B分野・C分野の3つの試験すべてに合格した時点で、DCプランナー1級の合格者となります。

**2024年度版**
**金融業務3級　融資コース試験問題集**

2024年3月13日　第1刷発行

編　者　一般社団法人　金融財政事情研究会
検定センター
発行者　　　　　　　　　　　加藤　一浩

〒160-8519　東京都新宿区南元町19
発 行 所　一般社団法人 金融財政事情研究会
販 売 受 付　TEL 03(3358)2891　FAX 03(3358)0037
URL https://www.kinzai.jp

本書の内容に関するお問合せは、書籍名およびご連絡先を明記のうえ、FAXでお願いいたします。　　お問合せ先　FAX 03(3359)3343
本書に訂正等がある場合には、下記ウェブサイトに掲載いたします。
https://www.kinzai.jp/seigo/

Ⓒ 2024　KINZAI　　　　　　　　　　印刷：三松堂株式会社

・本書の内容の一部あるいは全部を無断で複写・複製・転訳載すること、および磁気または光記録媒体、コンピュータネットワーク上等へ入力することは、法律で認められた場合を除き、著作者および出版社の権利の侵害となります。
・落丁・乱丁本はおとりかえします。定価は裏表紙に表示してあります。

ISBN978-4-322-14408-6